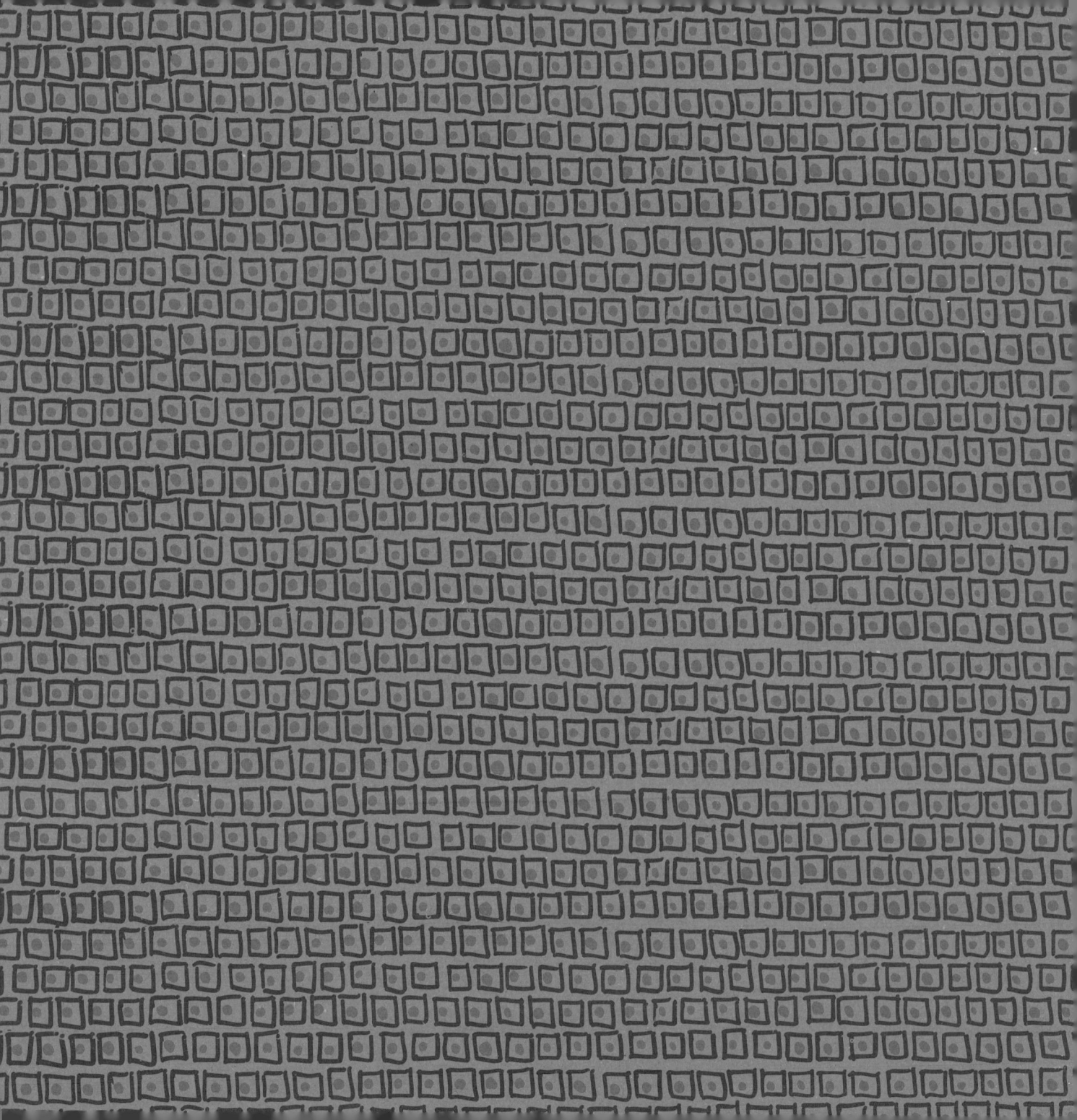

Bäuerliches

© 1984
Verlag Walter Podszun
Bahnhofstraße 9, 5790 Brilon
Alle Rechte vorbehalten.
Druck: K. Hecker, Brilon
Printed in Germany
ISBN 3-923448-14-7

Herbert Schleich

Bäuerliches

Der Bauern Arbeit ist am fröhlichsten
und voller Hoffnung.

Martin Luther

Der Bauer, der die Furche pflügt,
hebt einen Goldtopf mit der Scholle.

Goethe

Denn wäre nicht der Bauer,
so hättest Du kein Brot.

Adalbert von Chamisso

Wer einen Bauern betrügen will,
muß einen Bauern mitbringen.

Sprichwort

Hat der Bauer Geld, hat es die ganze Welt.

Sprichwort

Die dümmsten Bauern ernten die dicksten Kartoffeln.

Sprichwort

Dieselbe Bauernschlauheit, die auf
dem Viehmarkt in 5 Minuten entlarvt wird,
vermag auf dem gesellschaftlichen
Parkett und in der Politik jahrelang
Triumphe feiern.

Sigmund Graff

Oder ist der ganze Bauernstand wirklich
so einfältig, wie der Städter sich einbildet?
Da würden die Herren sich doch irren.

Bismarck

Säerspruch

Bemeßt den Schritt! Bemeßt den Schwung!
Die Erde bleibt noch lange jung!
Dort fällt ein Korn, das stirbt und ruht.
Die Ruh ist süß. Es hat es gut.
Hier eins, das durch die Scholle bricht.
Es hat es gut. Süß ist das Licht.
Und keines fällt aus dieser Welt
Und jedes fällt, wie's Gott gefällt.

Conrad Ferdinand Meyer

Ochsen gehören auf den Acker
und nicht aufs Rathaus.
Sprichwort

Das Wetter kennst du am Wind,
den Vater am Kind,
den Bauern am Rind,
den Herrn am G'sind.
Bauernweisheit

Kommt ein Ochse in fremdes Land,
er wird doch für ein Rind erkannt.
Freidank

Nutzen magst du wohl dein Vieh,
aber plag und quäl es nie!
Bauernweisheit

Es wollt' ein Bauer früh aufstehn

Es wollt' ein Bauer früh aufstehn, es
wollt' ein Bauer früh aufstehn, wollt'
'naus in seinen Acker gehn.
Falitiriti ritumta, falitira!

Und als der Bauer vom Acker kam,
kam ihn ein großer Hunger an.

Frau Lisichen! Was kocht sie dann?
Ein Erdäpfelbrei und Zwetschgen dran.

Und als der Bauer saß und aß,
da rumpelt in der Kammer was.

Die Frau die sprach: Es ist der Wind,
der sich in uns'rer Kammer fängt.

Der Bauer sprach: Will selber gehn,
will selber 'naus mein Kammer gehn.

Und als der Bau'r in die Kammer kam,
stand der Pfaff da, zog sein' Hosen an.

Ei Pfaff! Was machst du in meinem Haus?
Ich werf' dich ja sogleich hinaus!

Der Pfaff der sprach: Was ich verricht'?
Dein Frau die kann die Beicht noch nicht.

Ei, kann mein' Frau die Beicht noch nicht,
warum kommst du's bei Tage nicht?

Der Bauer erwischt ein Ofenscheit
und haut den Pfaffen, daß er schreit.

Der Bauer erwischt den Rechenstiel
und haut den Pfaffen, daß er fiel.

Aus ihrem Schoße bringt die Erde viele Gaben,
Dich, wenn du fleißig bist und klug, damit zu laben.

Im Märzen der Bauer

Im Mär-zen der Bau-er die Röß-lein ein-spannt,
er setzt sei-ne Fel-der und Wie-sen in-stand,

er pflü-get den Bo-den, er eg-get und sät und

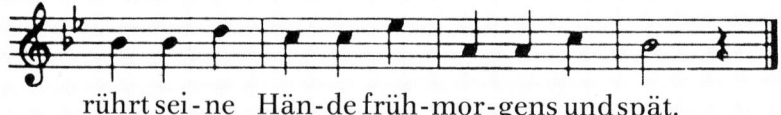

rührt sei-ne Hän-de früh-mor-gens und spät.

Die Bäurin, die Mägde, sie dürfen nicht ruhn:
sie haben im Haus und im Garten zu tun;
sie graben und rechen und singen ein Lied,
sie freun sich, wenn alles schön grünet und blüht.

So geht unter Arbeit das Frühjahr vorbei;
da erntet der Bauer das duftende Heu;
er mäht das Getreide, dann drischt er es aus:
im Winter da gibt es manch fröhlichen Schmaus.

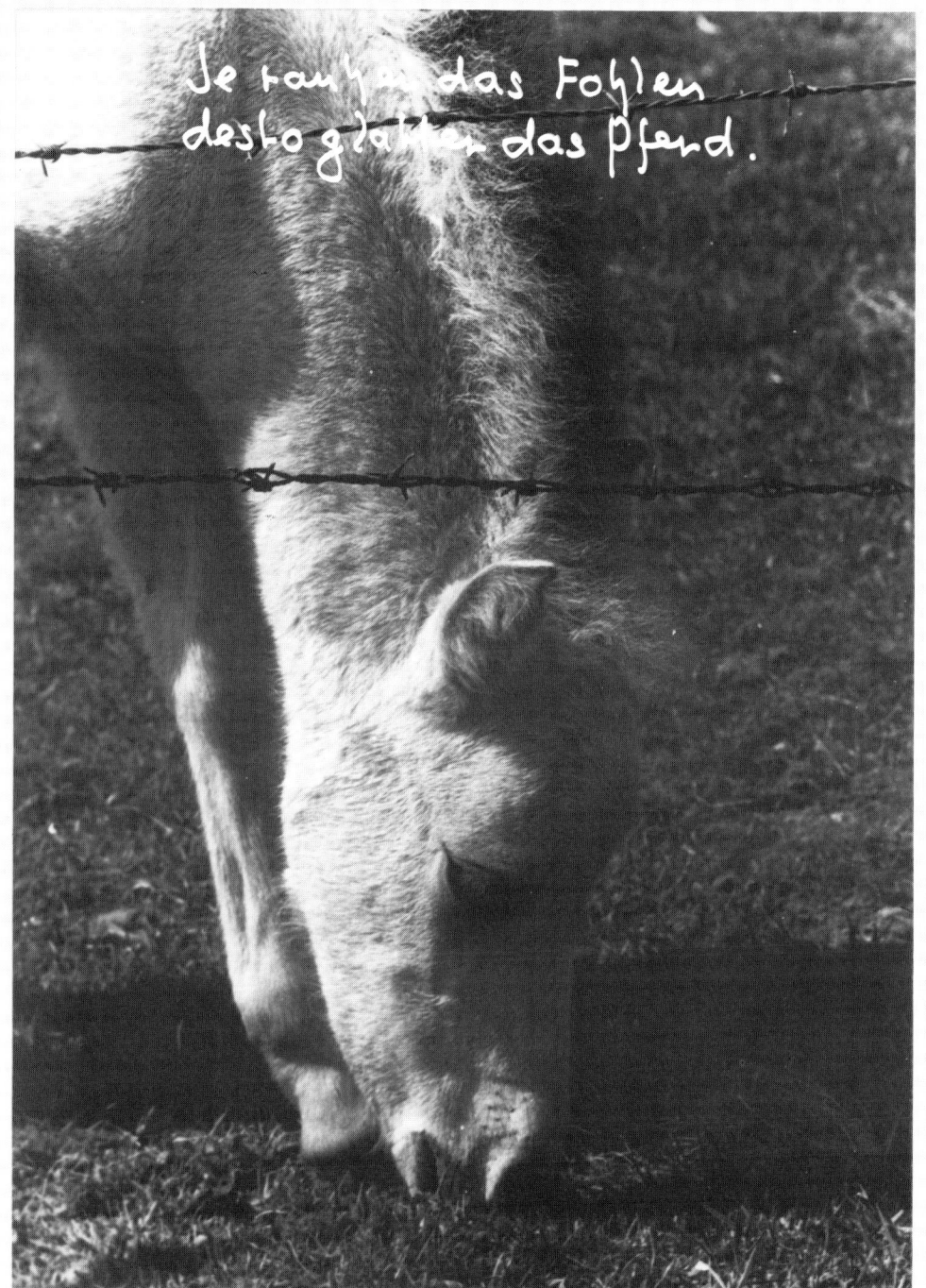

Je rauher das Fohlen
desto glatter das Pferd.

Ein guter Bauer weiß genau,
zuerst das Pferd und dann die Frau.

In der Schmiede erweicht man das Eisen,
indem man das Feuer anbläst und dem Stabe
seine überflüssige Nahrung nimmt; ist er
aber rein geworden, dann schlägt man ihn
und zwingt ihn, und durch die Nahrung eines
fremden Wassers wird er wieder stark.
Das widerfährt auch dem Menschen von seinem Lehrer.

Goethe, Maximen und Reflexionen IV

Man muß das Eisen schmieden, solange es heiß ist. (Matura dum libido manet) Terenz

Du Mädchen vom Lande

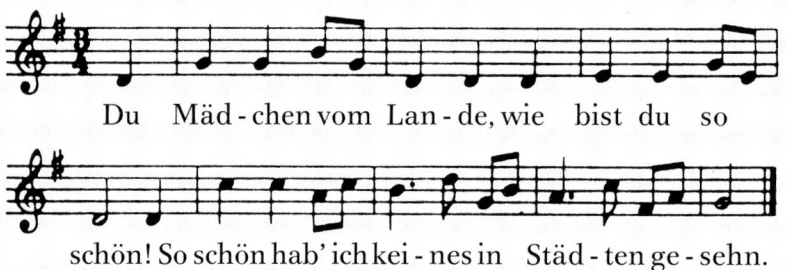

Du Mäd-chen vom Lan-de, wie bist du so schön! So schön hab' ich kei-nes in Städ-ten ge-sehn.

Mein Herz ist, du Mädchen, von Liebe so voll;
wie steht dir die Farbe der Unschuld so wohl!

Wie fließt dir, du Mädchen, so ruhig das Blut:
Du Mädchen vom Lande, wie bist du so gut!

Ich habe dich zehnmal, du Mädchen gesehn
und immer gesprochen: Das Mädchen ist schön!

Ich habe dir zehnmal ins Herzchen gesehn,
du Mädchen vom Lande, wie fand ich's so schön!

Wie fand ich das Mädchen, das ganze, so recht
nach meinen zwölf Grillen vom Weibergeschlecht!

Wie fand ich so wenig für Flitter und Gold,
wie fand ich's dem Buche der Bücher so hold!

Wie fand ich das Mädchen vom Lande so fromm!
Komm, sagt' ich, ins Hüttchen, du Liebliche komm!

Du Mädchen vom Lande, was tatest du da?
Du liefest zur Mutter und sagtest nicht Ja.

Du Mädchen vom Lande, du bestes, wie soll
der Städter sich trösten? – Es gehe dir wohl!

Die Welt gehört uns Menschen nicht allein,
viel tausend Tiere sollen auch drauf leben
und sich der Güte Gottes freun,
der ihnen Speis und Trank, wie uns, gegeben.

Speis und Trank sind Gottes Gaben,
iß und trink, das will er haben.
Aber friß und sauf doch nie,
bist ja Mensch und kein Stück Vieh!

Iß und trink mit Mäßigkeit,
wach und schlaf zu rechter Zeit,
reinlich sei in allen Sachen,
dies wird recht gesund dich machen.

(Bauernweisheiten)

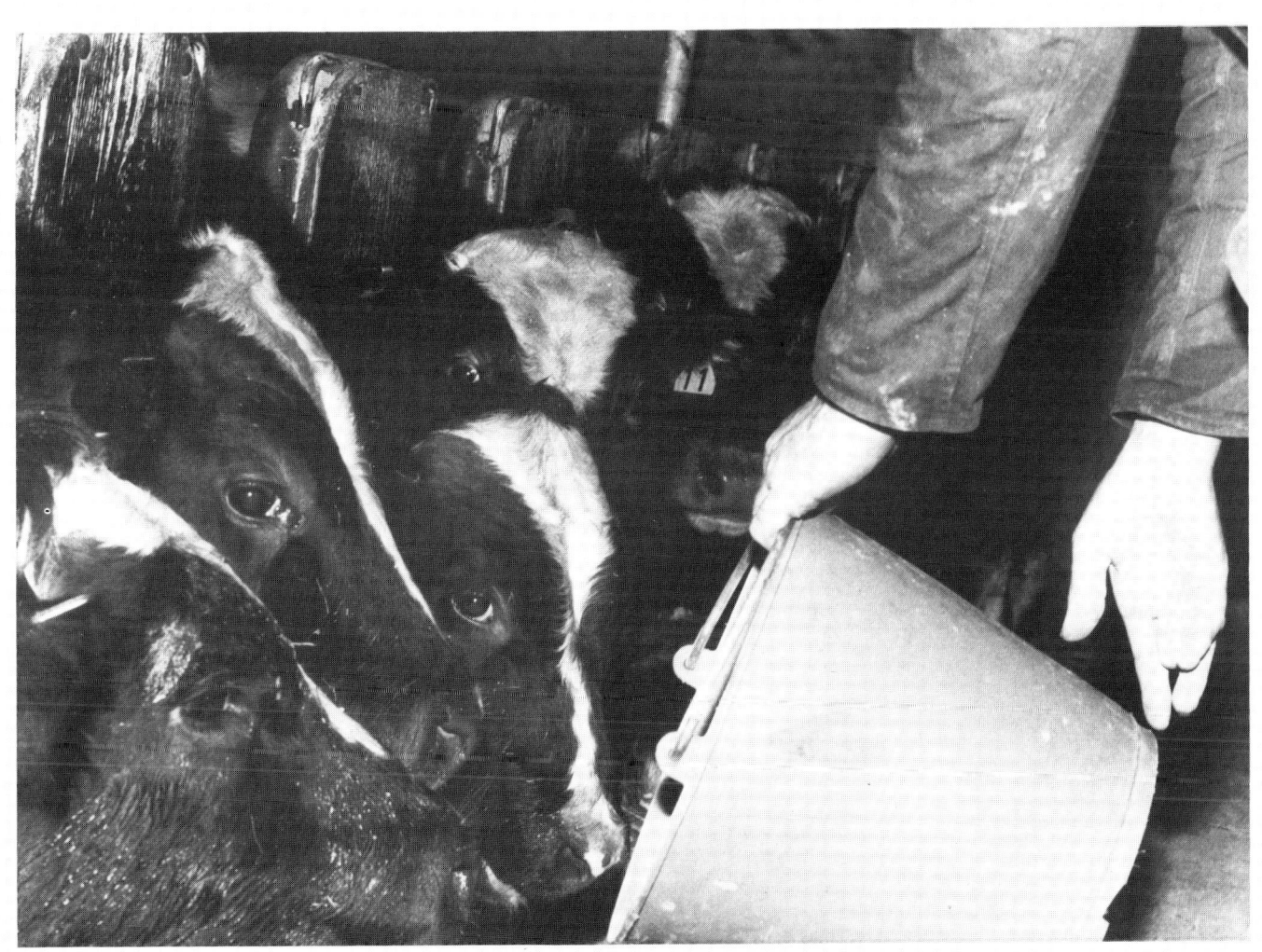

Das geht auf keine Kuhhaut.

Redensart

Die Kühe, die am meisten brüllen,
geben am wenigsten Milch.

Bauernregel

Wer die Kuh spannt in den Pflug,
dem gibt sie nichts in den Krug.

Bauernregel

Er weiß soviel davon, wie die Kuh vom Sonntage.

Sprichwort

Lieber den Acker im Felde, die Kuh im Stalle,
und das Geld im Sacke als die Taler auf dem
Buckel und die Dukaten am Halse!

Bauernweisheit

Hält die Kuh das Maul nach oben im Lauf,
so ziehen bald Gewitter auf.

Bauernregel

Kommen die Kühe abends lang nicht nach Haus,
so bricht am nächsten Tag schlecht Wetter aus.

Bauernregel

Ohne Mühe keine Kühe.

Sprichwort

Auch wenn man alt wird wie 'ne Kuh,
lernt man doch immer noch dazu.

Sprichwort

Wenig Milch und wenig Mist,
gibt die Kuh, die wenig frißt.

Für den Mann schuf Gott das Weib,
ihn für sie nicht minder.
Eins fürs andre leben soll:
Beide für die Kinder.

Bauernweisheit

Lied eines Landmanns in der Fremde

Traute Heimat meiner Lieben,
Sinn ich still an dich zurück,
Wird mir wohl; und dennoch trüben
Sehnsuchtstränen meinen Blick.

Stiller Weiler, grün umfangen
Von beschirmendem Gesträuch,
Kleine Hütte, voll Verlangen,
Denk' ich immer noch an euch!

An die Fenster, die mit Reben
Einst mein Vater selbst umzog;
An den Birnbaum, der daneben
Auf das niedre Dach sich bog;

An die Stauden, wo ich Meisen
Im Hollunderkasten fing;
An des stillen Weihers Schleusen,
Wo ich Sonntags fischen ging.

Was mich dort als Kind erfreute,
Kömmt mir wieder leibhaft vor;
Das bekannte Dorfgeläute
Widerhallt in meinem Ohr.

Selbst des Nachts in meinen Träumen,
Schiff' ich auf der Heimat See;
Schüttle Äpfel von den Bäumen,
Wäß're ihrer Wiesen Klee;

Lösch' aus ihres Brunnens Röhren
Meinen Durst am schwülen Tag;
Pflück' im Walde Heidelbeeren,
Wo ich einst im Schatten lag.

Wann erblick' ich selbst die Linde
Auf den Kirchenplatz gepflanzt,
Wo gekühlt im Abendwinde
Unsre frohe Jugend tanzt?

Wann des Kirchturms Giebelspitze,
Halb im Obstbaumwald versteckt,
Wo der Storch auf hohem Sitze
Friedlich seine Jungen heckt?

Traute Heimat meiner Väter,
Wird bei des Friedhofs Tür
Nur einst, früher oder später,
Auch ein Ruheplätzchen mir!

Johann Gaudenz von Salis-Seewis

Liegt im Februar die Katz im Freien,
kann sie im März vor Kälte schreien.

Bauernregel

Die Katze ist dort am liebsten,
wo man sie streichelt.

Sprichwort

Wenn die Katze nicht zu Hause ist,
tanzen die Mäuse.

Sprichwort

Raum ist in der kleinsten Kammer,
für den größten Katzenjammer.

Redensart

Wenn die Katze sitzt am Feuer,
ist der Regen nicht geheuer.

Bauernregel

Wenn die Katzen Gras fressen, auch wenn
sie sich an Bäumen reiben, öfters niesen,
wird schlechtes Wetter.

Bauernregel

Wenn die Katzen sich putzen,
gibt es schönes Wetter.

Bauernregel

Siehst du die Katze gähnend liegen,
weißt du, daß wir Gewitter kriegen.

Bauernregel

Wenn man beim Bauern dient

Wenn man beim Bauern dient, hat man es gut,
kriegt alle Jahr wenig genug:
Schuh und keine Sohlen dran, Baur ist kein Edelmann.
Buur is en Buur, is en Biest van Natur.
Buur is en Buur, is en Biest van Natur.

Wenn man beim Bauern dient,
hat man es gut,
Hose und kein Boden dran,
Bauer ist kein Edelmann.
Buur is en Buur,
is en Biest van Natur.

Wenn man beim Bauern dient,
hat man es gut,
West' und keine Knöpfe dran,
Bauer ist kein Edelmann.
Buur is en Buur,
is en Biest van Natur.

Wenn man beim Bauern dient,
hat man es gut,
Rock und keine Schöße dran,
Bauer ist kein Edelmann.
Buur is en Buur,
is en Biest van Natur.

Wenn man beim Bauern dient,
hat man es gut,
Hut und keinen Rand daran,
Bauer ist kein Edelmann.
Buur is en Buur,
is en Biest van Natur.

Seh ich den Hof und auch den Mist, so weiß ich gleich was an dir ist.

Enten legen ihre Eier in aller Stille,
Hühner gackern dabei wie verrückt.
Was ist die Folge?
Alle Welt ißt Hühnereier.

Henry Ford

Wenn die Hühner sich das Ungeziefer absuchen,
wenn sie laut gackern und abends lang
draußen bleiben, gibt es Regen.

Laufen die Hühner unters Dach vor Regen,
so bleibt er nicht lange mehr zugegen.

Wenn die Hühner in den Regen gahn,
dann hält der Regen lange an.

Wenn ein Huhn wie ein Hahn kräht,
gibt es anderes Wetter.

Hocken die Hühner in den Ecken,
kommt bald Frost und Winters Schrecken.

Wenn die Hühner sich im Sande baden,
regnet's gern ohn' allen Schaden.

Wenn die Hühner den Schwanz hängen lassen,
kommt Regen.

Wenn das Huhn sich mausert vor dem Hahn,
wird man einen harten Winter han.

Bauernregeln

Schlachtet der Bauer eine Henne,
so ist die Henne krank oder der Bauer.

Wer arm werden will und weiß nicht wie,
der halte nur viel Federvieh.

Bauernweisheiten

Mädchen, die pfeifen, und Hähne die krähen,
den' soll man beizeiten die Hälse umdrehn!

Sprichwort

37

Danach kräht doch kein Hahn.

Redensart

Manche Hähne glauben, daß die Sonne ihretwegen aufgeht.

Theodor Fontane

Auf dem eigenen Misthaufen ist jeder Hahn tapfer.

Griechisches Sprichwort

Wenn der Hahn die Stunde nicht halt, ändert sich das Wetter bald.

Kräht der Hahn zu ungewöhnlicher Zeit, gibt es bald Regen.

Wenn der Hahn vor Mitternacht schreit, ist Landregen nicht weit.

Bauernregeln

Kräht der Hahn auf dem Mist,
ändert sich's Wetter, oder's bleibt wie's ist.

Es hatt' ein Bauer ein schönes Weib

Es hatt' ein Bauer ein schönes Weib, die
blieb so gerne zu Haus. Er sollte doch
fahren ins Heu.
Er sollte doch fahren ins ha, ha, ha, ha, ha, ha,
heidildeijuchheissassa! Er sollte doch fahren ins Heu.

Der Mann, der dachte in seinem Sinn:
Die Reden, die sind gut!
Ich will mich hinter die Haustür stelln,
will sehen, was meine Frau tut,
will sagen, ich fahre ins Heu.

Da kommt geschlichen ein Reitersknecht
zum jungen Weibe hinein,
und sie umfängt gar freundlich ihn,
gab stracks ihren Willen darein:
Mein Mann ist gefahren ins Heu.

Er faßte sie um ihr Gürtelband
und schwang sie wohl hin und her;
der Mann, der hinter der Haustür stand,
ganz zornig da trat herfür:
Ich bin noch nicht fahren ins Heu!

Ach trauter, herzallerliebster Mann,
vergib mir nur diesen Fehl!
Will lieber fürbaß und herzen dich,
will kochen Mus und Mehl;
ich dachte du wärest im Heu.

Und wenn ich gleich gefahren wär
ins Heu und Haberstroh,
so sollst du nun und nimmermehr
einen andern lieben also.
Der Teufel mag fahren ins Heu!

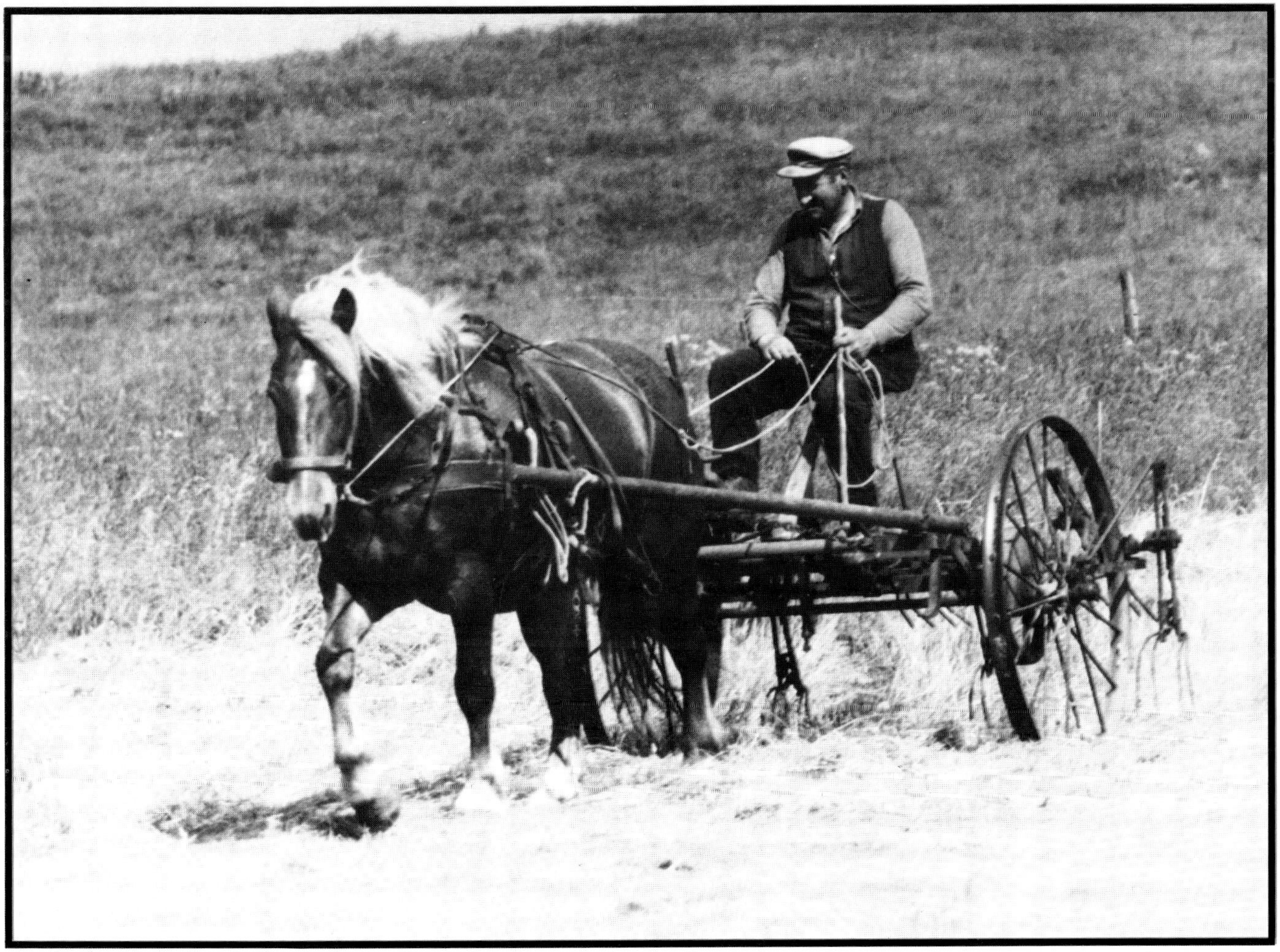

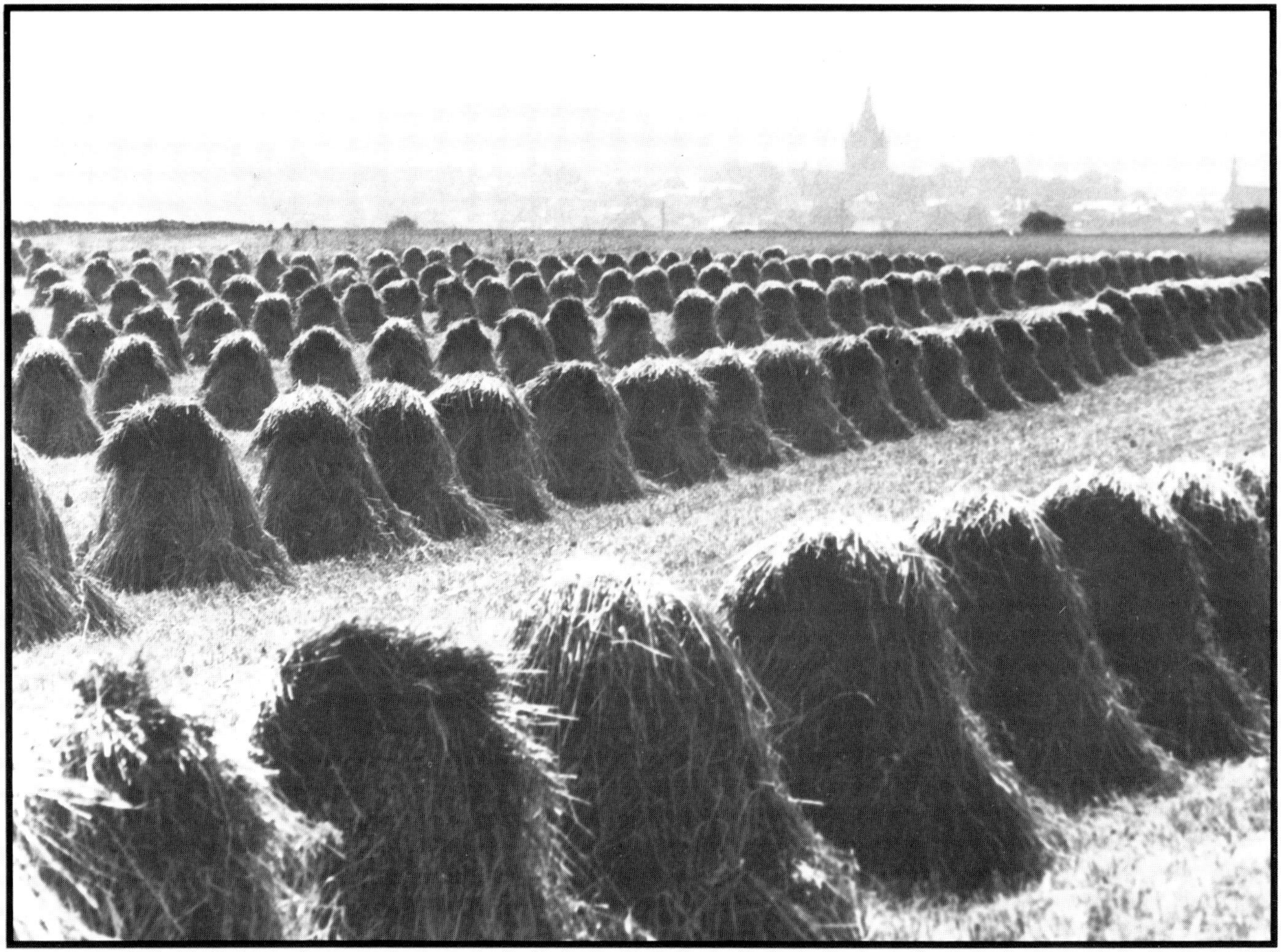

Das Ährenfeld

Ein Leben war's im Ährenfeld
Wie sonst wohl nirgends auf der Welt:
Musik und Kirmes weit und breit
Und lauter Lust und Fröhlichkeit.

Die Grillen zirpten früh am Tag
Und luden ein zum Zechgelag:
Hier ist es gut, herein! herein!
Hier schenkt man Tau und Blütenwein.

Der Käfer kam mit seiner Frau,
Trank hier ein Mäßlein kühlen Tau,
Und wo nur winkt' ein Blümelein,
Da kehrte gleich das Bienchen ein.

Den Fliegen ward die Zeit nicht lang,
Sie summten manchen frohen Sang.
Die Mücken tanzten ihren Reihn
Wohl auf und ab im Sonnenschein.

Das war ein Leben rings umher,
Als ob es ewig Kirmes wär.
Die Gäste zogen aus und ein
Und ließen sich's gar wohl dort sein.

Wie aber geht es in der Welt?
Heut ist gemäht das Ährenfeld,
Zerstöret ist das schöne Haus,
Und hin ist Kirmes, Tanz und Schmaus.

August Heinrich Hoffmann von Fallersleben

Erntelied

Es steht ein goldnes Garbenfeld,
das geht bis an den Rand der Welt.
Mahle, Mühle, mahle!

Es stockt der Wind im weiten Land,
viel Mühlen stehn am Himmelsrand.
Mahle, Mühle, mahle!

Es kommt ein dunkles Abendrot,
viel arme Leute schrein nach Brot.
Mahle, Mühle, mahle!

Es hält die Nacht den Sturm im Schoß,
und morgen geht die Arbeit los.
Mahle, Mühle, mahle!

Es fegt der Sturm die Felder rein,
es wird kein Mensch mehr Hunger schrein.
Mahle, Mühle, mahle!

Richard Dehmel

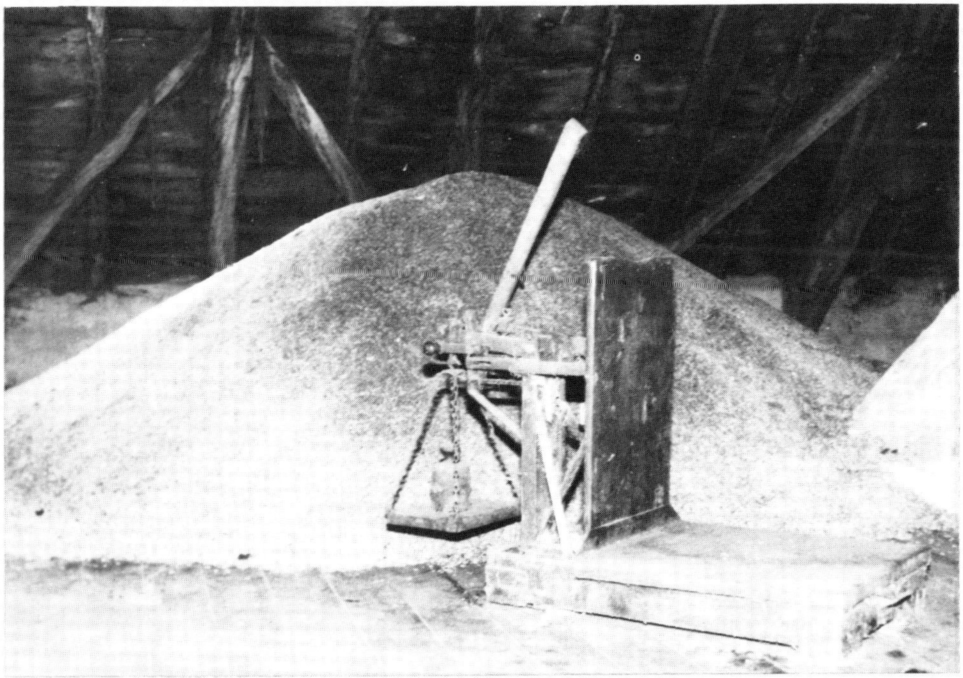

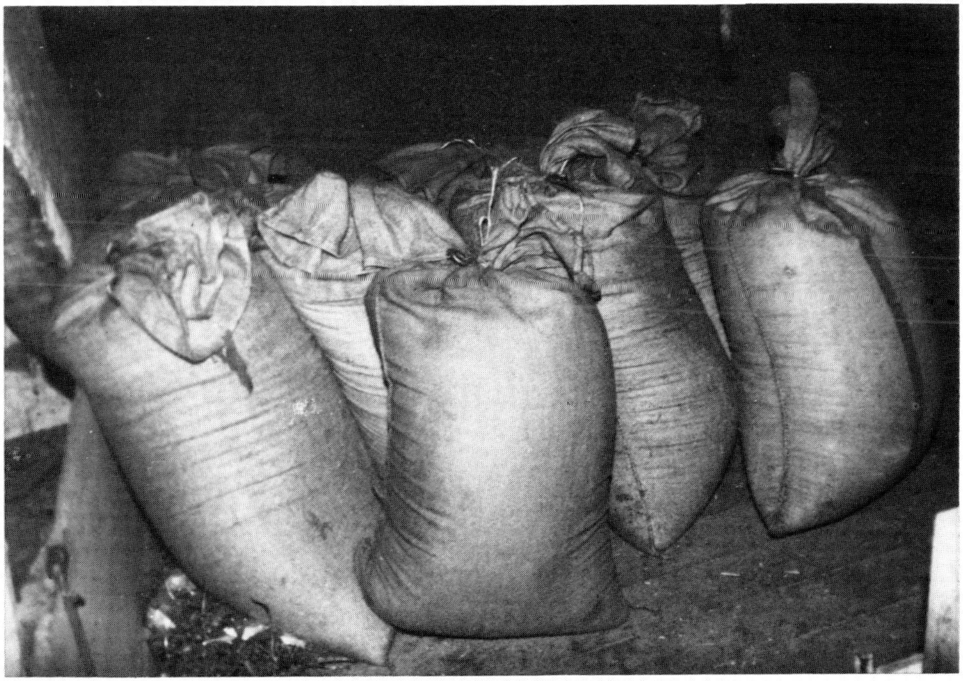

Ich hab mir mein Weizen

Ich hab mir mein Weizen am Berg gesät,
Berg gesät, hat mir'n der böhmische Wind verweht,
Wind verweht, hat mir'n der böhmische Wind verweht.

Böhmischer Wind, ich bitt dich schön,
laß mir mein Weizen am Berge stehn,
laß mir mein Weizen am Berge stehn.

Der Apfel ist sauer, ich mag ihn nicht,
's Mädel ist falsch, ich trau ihr nicht,
's Mädel ist falsch, ich trau ihr nicht.

Wenn ich kein Geld im Beutel hab,
geh ich ins Holz, schneid Reiser ab,
geh ich ins Holz, schneid Reiser ab.

Geh ich nach Haus, mach Besen draus,
krieg ich bald wieder Geld ins Haus,
krieg ich bald wieder Geld ins Haus.

Wenn ich die Besen gebunden hab,
geh ich die Straßen wohl auf und ab:
Leute, wer kauft mir Besen ab?

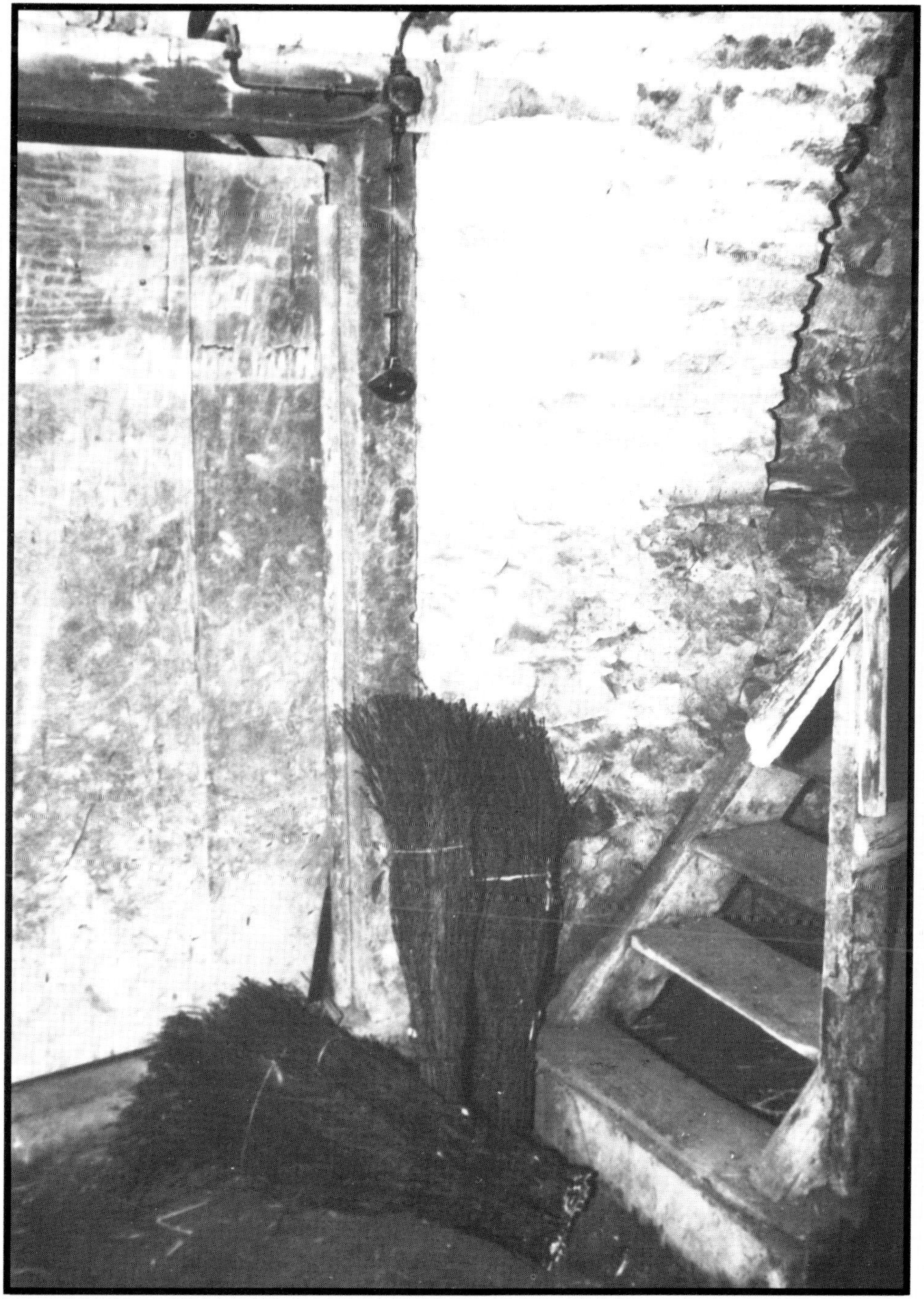

Der Arbeitsmann

Wir haben ein Bett, wir haben ein Kind,
mein Weib!
Wir haben auch Arbeit, und gar zu zweit,
und haben die Sonne und Regen und Wind.
Und uns fehlt nur eine Kleinigkeit,
um so frei zu sein, wie die Vögel sind:
Nur Zeit.

Wenn wir sonntags durch die Felder gehn,
mein Kind,
und über den Ähren weit und breit
das blaue Schwalbenvolk blitzen sehn,
oh, dann fehlt uns nicht das bißchen Kleid,
um so schön zu sein, wie die Vögel sind:
Nur Zeit.

Nur Zeit! wir wittern Gewitterwind,
wir Volk.
Nur eine kleine Ewigkeit;
uns fehlt ja nichts, mein Weib, mein Kind,
als all das, was durch uns gedeiht,
um so kühn zu sein, wie die Vögel sind.
Nur Zeit!

Richard Dehmel

Der Apfel fällt nicht weit vom Stamm.

Bauernaufstand

Die Glocken stürmten vom Bernwardsturm,
der Regen durchrauschte die Straßen,
und durch die Glocken und durch den Sturm
bellte des Urhorns Blasen.

Das Büffelhorn, das lange geruht,
Veit Stoßperg nahms aus der Lade,
das alte Horn, es brüllte nach Blut
und wimmerte: »Gott genade!«

Ja, gnade dir Gott, du Ritterschaft!
Der Bauer stund auf im Lande,
und tausendjährige Bauernkraft
macht Schild und Schärpe zu Schande!

Die Klingsburg hoch am Berge lag,
sie zogen hinauf in Waffen,
auframmte der Schmied mit einem Schlag
das Tor, das er fronend geschaffen.

Dem Ritter fuhr ein Schlag ins Gesicht,
und ein Spaten zwischen die Rippen –
Er brachte das Schwert aus der Scheide nicht,
und nicht den Fluch von den Lippen.

Aufrauschte die Flamme mit aller Kraft,
brach Balken, Bogen und Bande –
Ja, gnade dir Gott, du Ritterschaft:
Der Bauer stund auf im Lande!

Börries von Münchhausen

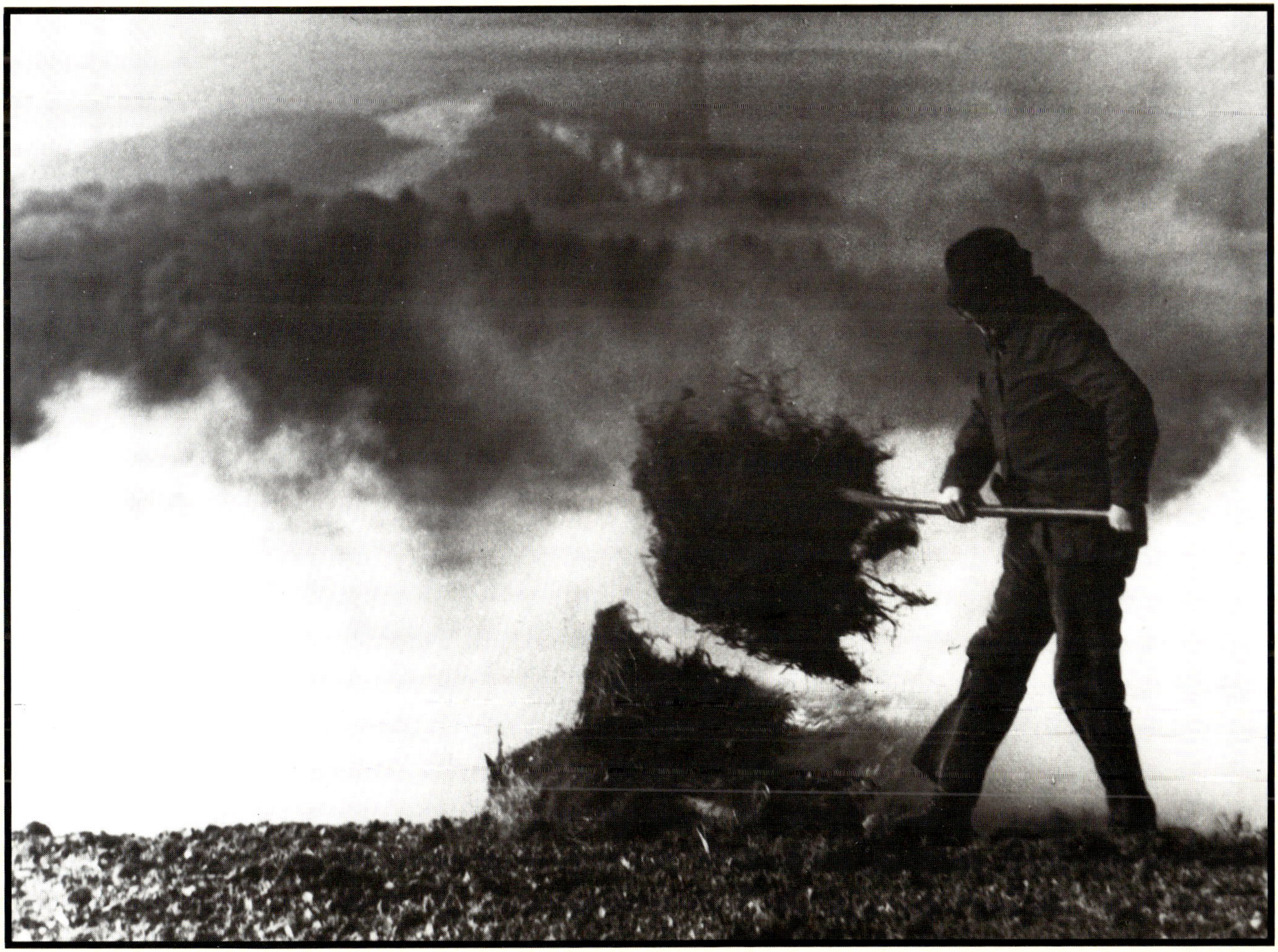

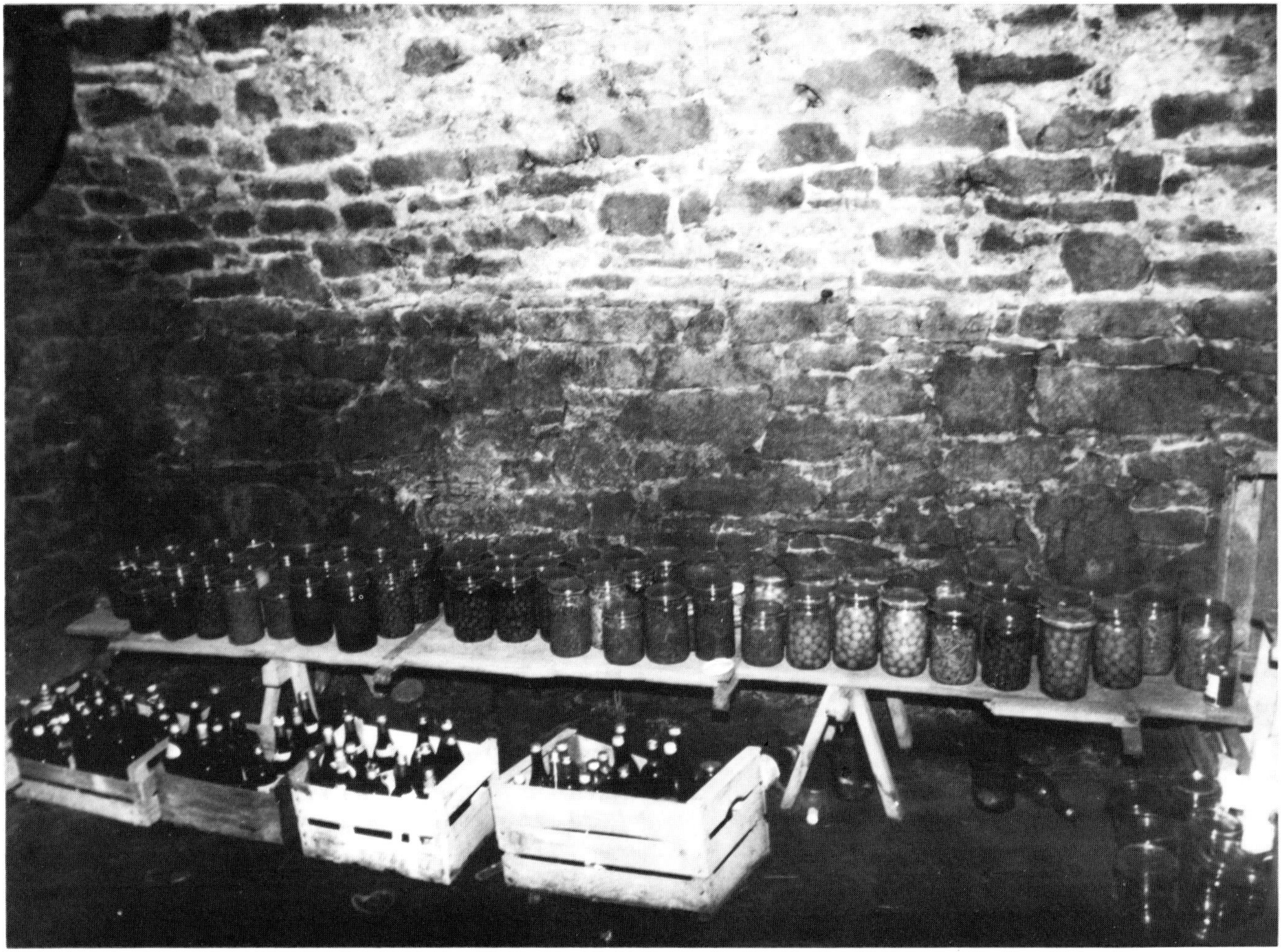

Erntedank

Wir pflügen und wir streuen
Den Samen auf das Land,
Doch Wachstum und Gedeihen
Steht in des Himmels Hand;
Der tut mit leisem Wehen
Sich mild und heimlich auf
Und träuft, wenn heim wir gehen,
Wuchs und Gedeihen drauf.
Alle gute Gabe
Kommt her von Gott dem Herrn;
Drum dankt ihm, dankt,
Und hofft auf ihn!

Er sendet Tau und Regen
Und Sonn- und Mondenschein
Und wickelt seinen Segen
Gar zart und künstlich ein,
Und bringt ihn dann behende
In unser Feld und Brot;
Es geht durch unsre Hände,
Kommt aber her von Gott.
Alle gute Gabe
Kommt her von Gott dem Herrn;
Drum dankt ihm, dankt,
Und hofft auf ihn!

Was nah ist und was ferne,
Von Gott kommt alles her,
Der Strohhalm und die Sterne,
Das Sandkorn und das Meer.
Von ihm sind Büsch und Blätter
Und Korn und Obst von ihm,
Das schöne Frühlingswetter
Und Schnee und Ungestüm.
Alle gute Gabe
Kommt her von Gott dem Herrn;
Drum dankt ihm, dankt,
Und hofft auf ihn!

Er läßt die Sonn aufgehen,
Er stellt des Mondes Lauf,
Er läßt die Winde wehen
Und tut die Wolken auf.
Er schenkt uns so viel Freude,
Er macht uns frisch und rot;
Er gibt dem Vieh die Weide
Und seinen Menschen Brot.
Alle gute Gabe
Kommt her von Gott dem Herrn;
Drum dankt ihm, dankt,
Und hofft auf ihn!

Matthias Claudius

Schwarz Beerchen sei du noch so schön,
kenn ich dich nicht, laß ich dich stehn.

Der Kräuter Kraft ist mancherlei,
eins ist die Gift, eins Arzeney.

Bauernweisheiten

Was der Bauer nicht kennt,
das ißt er nicht.

Sprichwort

Man kann aus schlechten Sachen
durch Fleiß und Kunst ein Labsal machen.
Doch bist du ungeschickt und faul,
so nimm vorlieb und wisch das Maul!

Bauernweisheit

Iß nichts, das du nicht kennst,
wenn's noch so süße schmeckt:
Weil oft der bittre Tod in süßen Wurzeln steckt.

Bauernweisheit

Eigner Herd ist Goldes wert.

Schön rötlich die Kartoffeln sind
und weiß wie Alabaster,
verdaun sich lieblich und geschwind
und sind für Mann und Frau und Kind
(Geschweige denn für Schwein und Rind!)
ein rechtes Magenpflaster.

Bauernweisheit

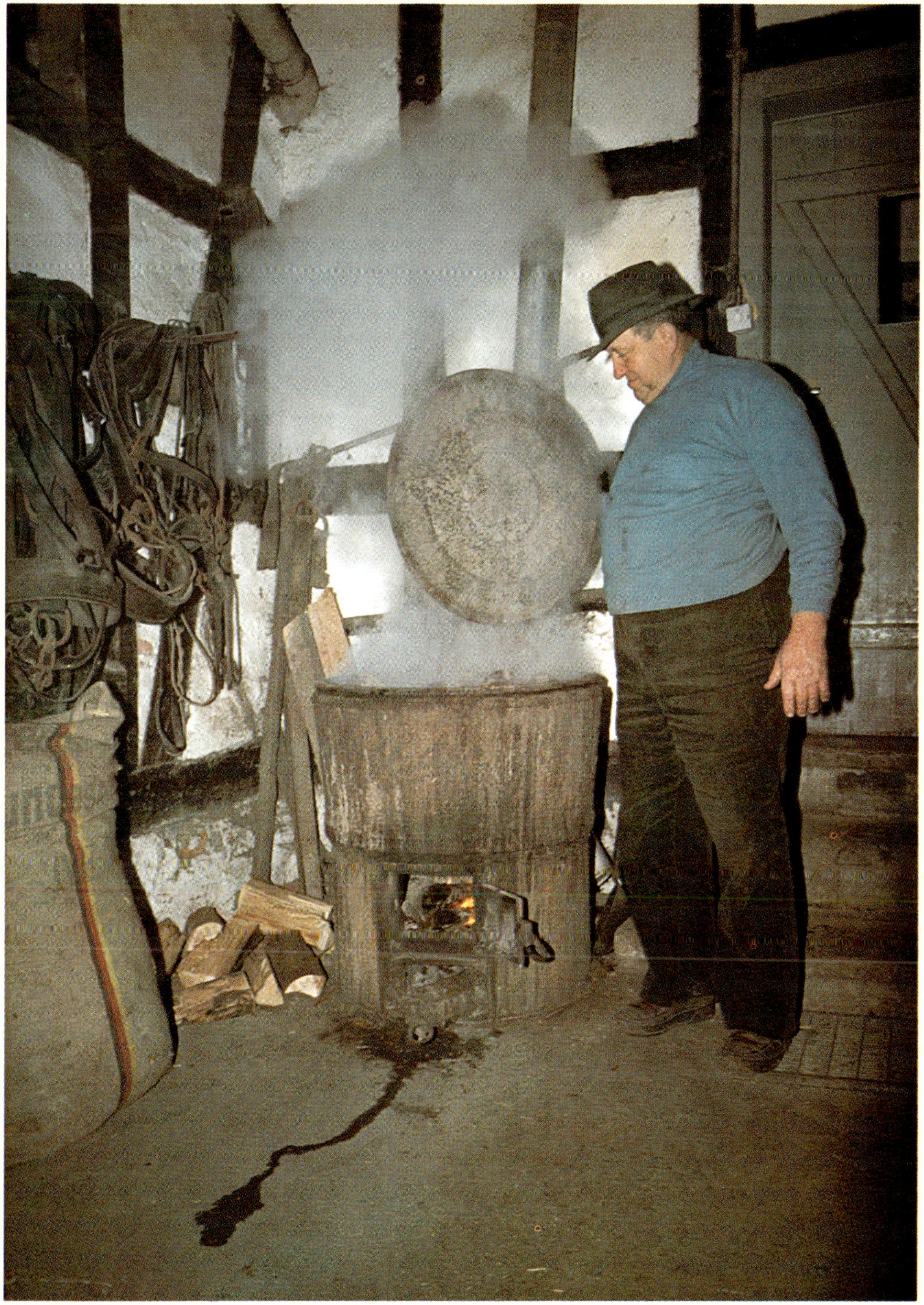

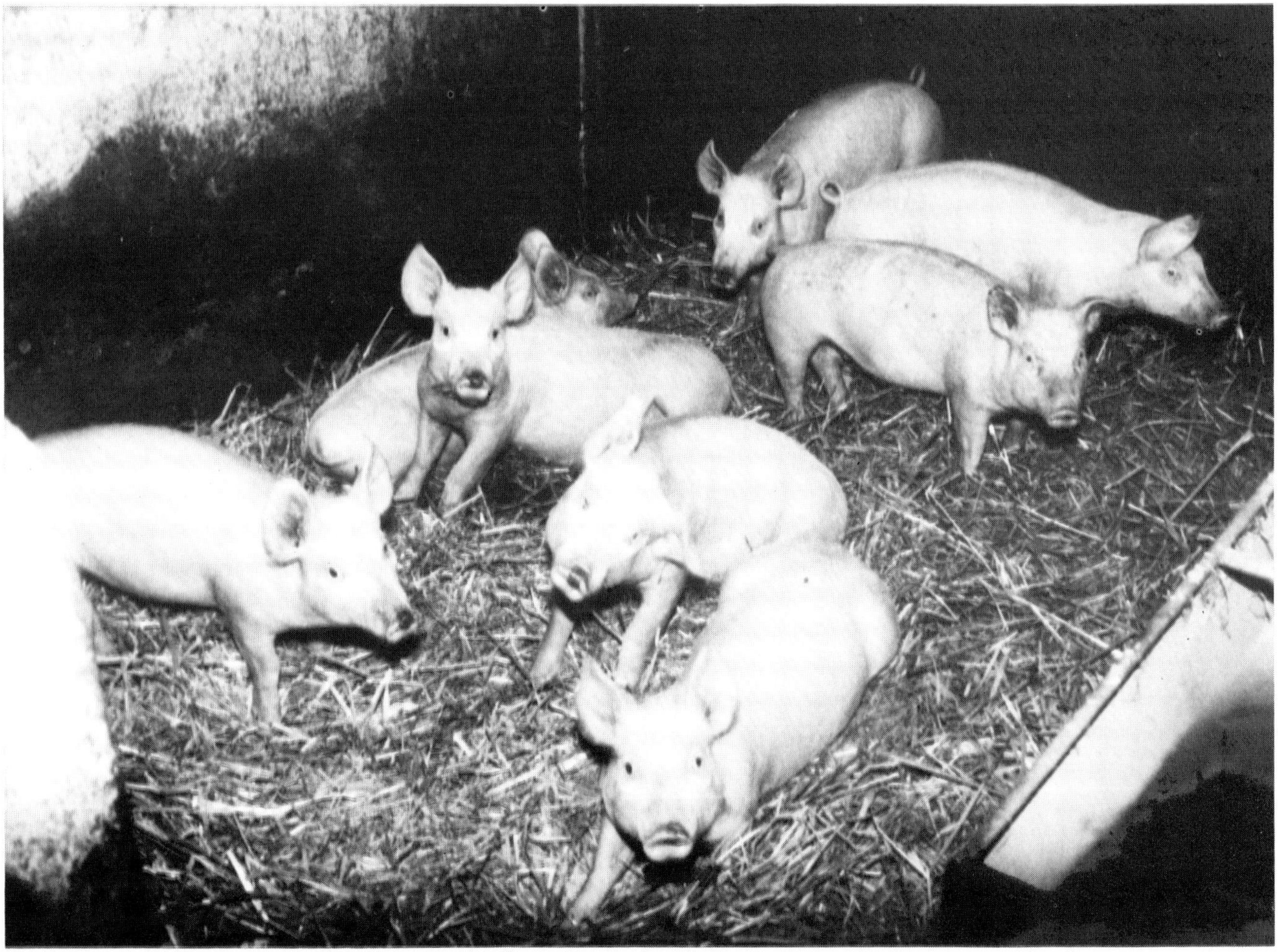

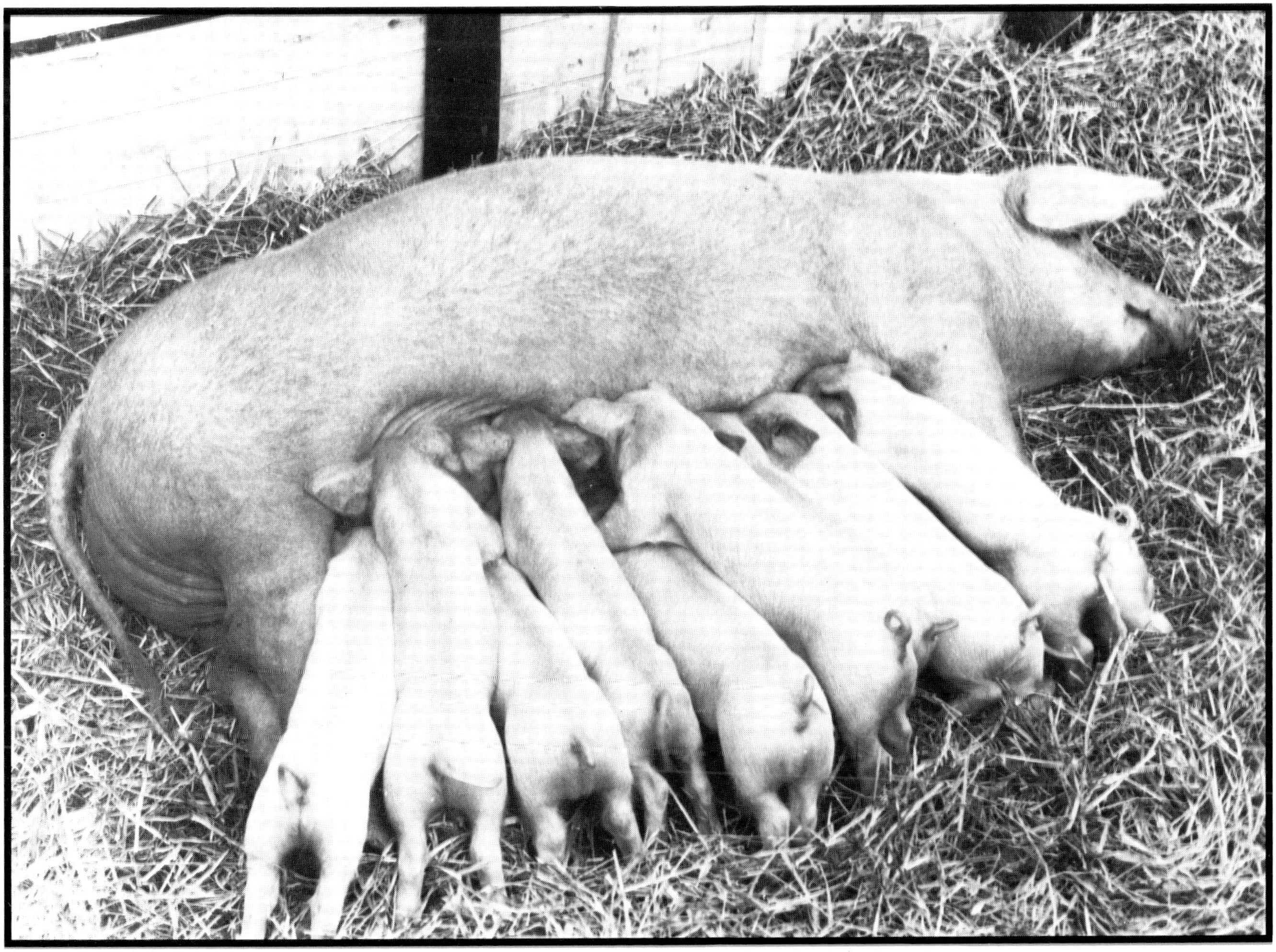

Schlacht im Dezember nun das wohlgemäste Schwein,
und räuch're Fleisch,
es wird für dich zur Speise sein.

Bauernweisheit

Der Appetit kommt beim Essen.

Sprichwort nach F. Rabelais, Gargantua

Besser Schwein haben, als Schwein sein!

Sprichwort

Wenn das Schwein am fettesten ist,
so hat es den Metzger am meisten zu fürchten.

Abraham a Santa Clara

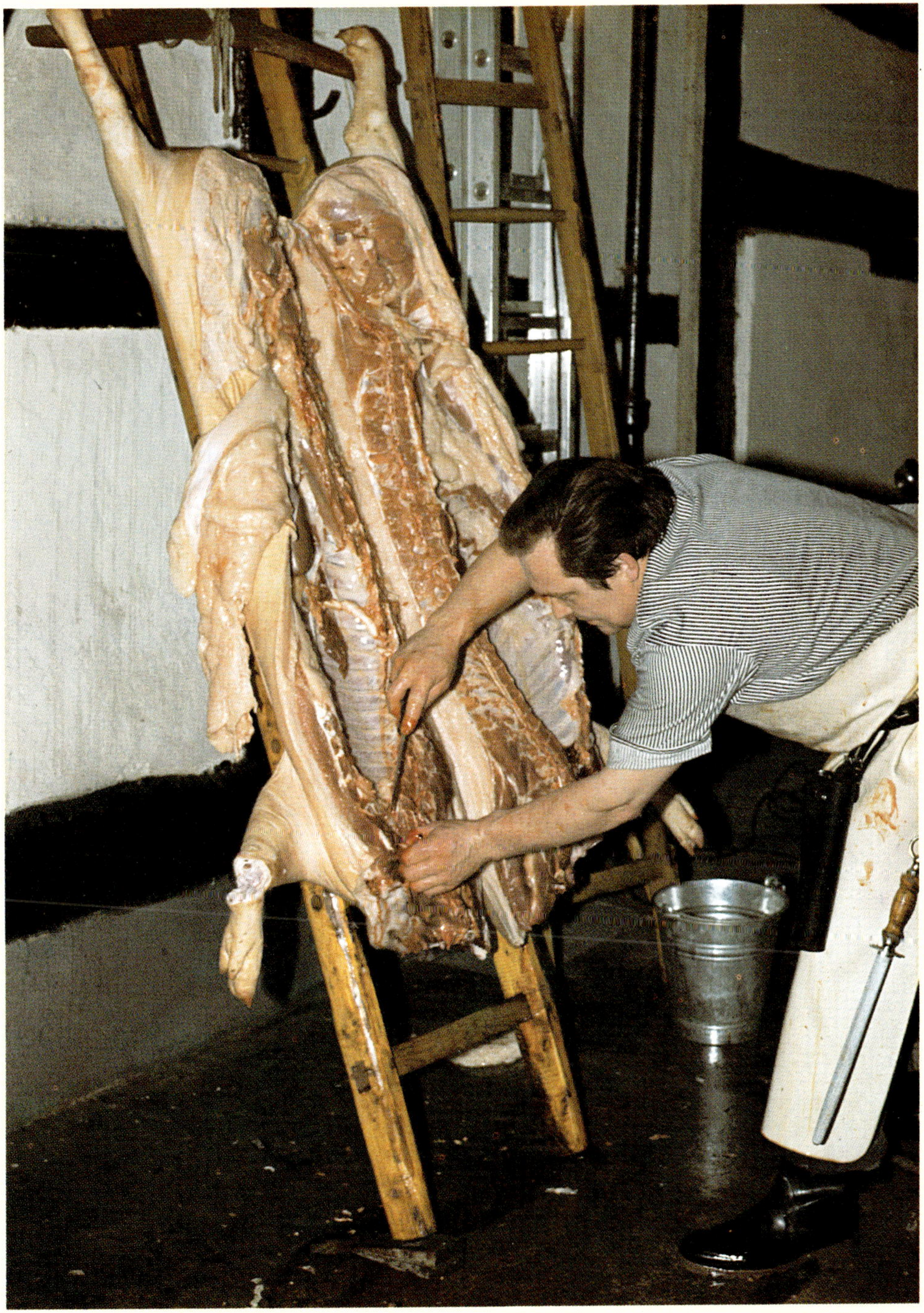

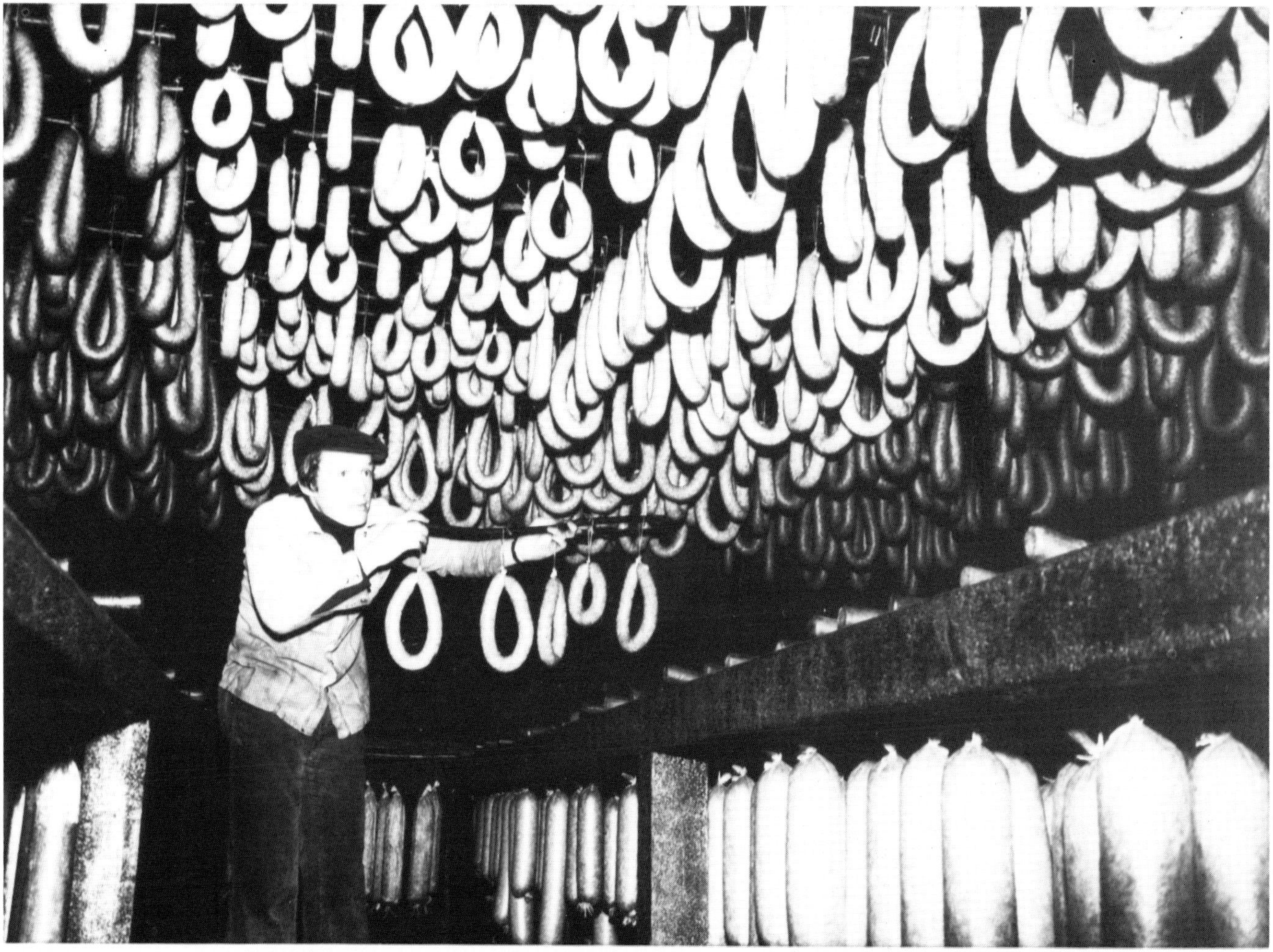

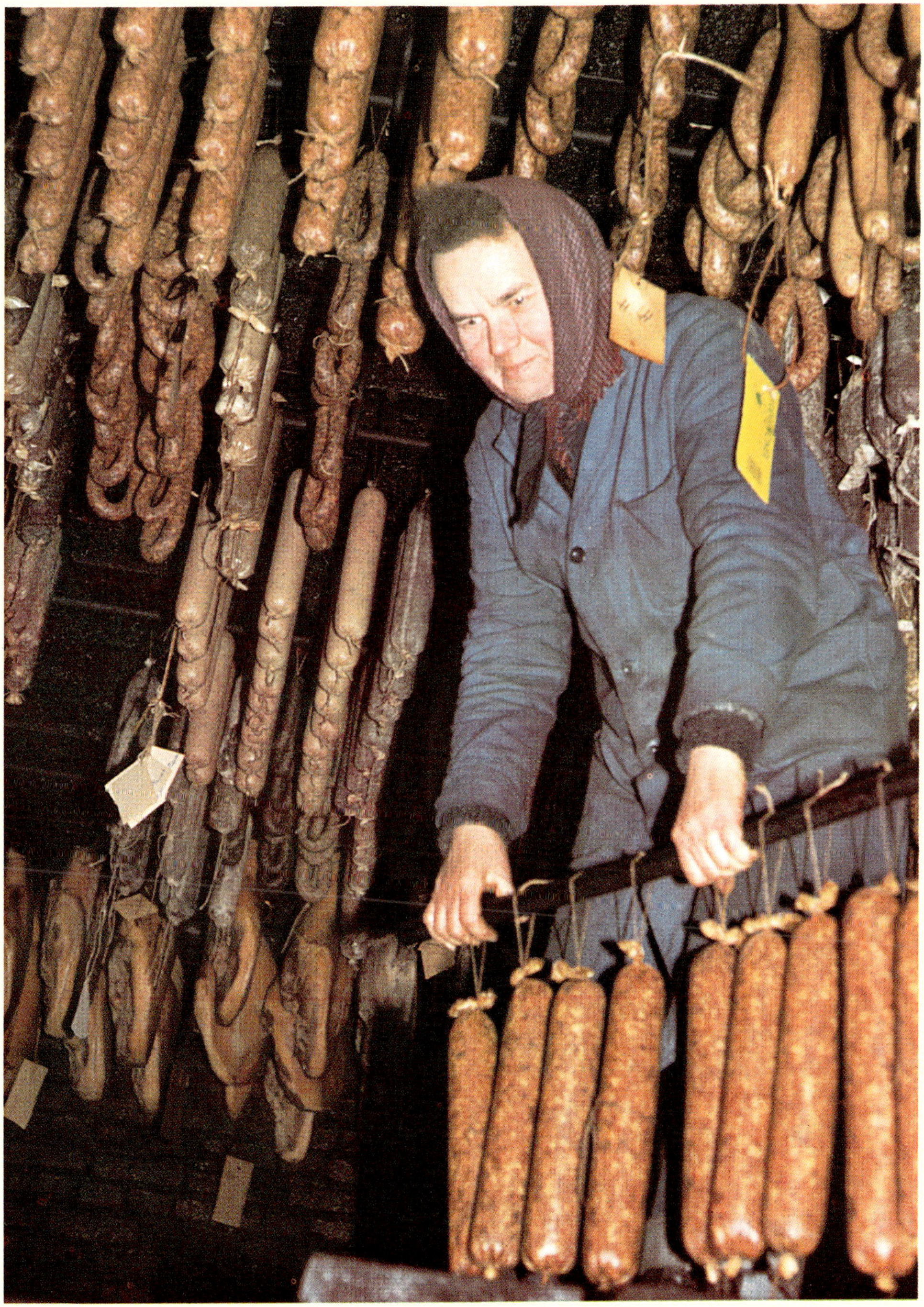

Erwerben tut es nicht allein, mußt's sparen auch verstehn, und klüglich alles teilen ein, so wird dir's wohl ergehen.

Der alte Landmann an seinen Sohn

Üb' immer Treu und Redlichkeit
   Bis an dein kühles Grab,
Und weiche keinen Finger breit
   Von Gottes Wegen ab.
Dann wirst du wie auf grünen Au'n
   Durchs Pilgerleben gehn;
Dann kannst du, sonder Furcht und Grau'n,
   Dem Tod ins Auge sehn.

Dann wird die Sichel und der Pflug
   In deiner Hand so leicht;
Dann singest du beim Wasserkrug,
   Als wär' dir Wein gereicht.
Dem Bösewicht wird alles schwer,
   Er tue was er tu!
Der Teufel treibt ihn hin und her,
   Und läßt ihm keine Ruh!

Der schöne Frühling lacht ihm nicht,
   Ihm lacht kein Ährenfeld;
Er ist auf Lug und Trug erpicht,
   Und wünscht sich nichts als Geld.
Der Wind im Hain, das Laub am Baum,
   Saust ihm Entsetzen zu;
Er findet nach des Lebens Traum
   Im Grabe keine Ruh.

Dann muß er in der Geisterstund'
   Aus seinem Grabe gehn;
Und oft als schwarzer Kettenhund
   Vor seiner Haustür stehn.
Die Spinnerinnen, die, das Rad
   Im Arm, nach Hause gehn,
Erzittern wie ein Espenblatt,
   Wenn sie ihn liegen sehn.

Und jede Spinnestube spricht
   Von diesem Abenteu'r,
Und wünscht den toten Bösewicht
   Ins tiefste Höllenfeu'r.
Der alte Kunz war bis ans Grab
   Ein rechter Höllenbrand;
Er pflügte seinem Nachbarn ab,
   Und stahl ihm vieles Land.

Nun pflügt er als ein Feuermann
   Auf seines Nachbars Flur,
Und mißt das Feld, hinab hinan,
   Mit einer glüh'nden Schnur.
Er brennet wie ein Schober Stroh
   Dem glüh'nden Pfluge nach;
Und pflügt, und brennet lichterloh
   Bis an den hellen Tag.

Der Amtmann, der im Weine floß,
   Der Bauern schlug halbkrumm,
Trabt nun auf einem glüh'nden Roß
   In jenem Wald herum.
Der Pfarrer, der aufs Tanzen schalt,
   Und Filz und Wuchrer war,
Steht nun als schwarze Spukgestalt
   Am nächtlichen Altar.

Üb' immer Treu und Redlichkeit
   Bis an dein kühles Grab,
Und weiche keinen Finger breit
   Von Gottes Wegen ab.
Dann suchen Enkel deine Gruft,
   Und weinen Tränen drauf,
Und Sommerblumen, voll von Duft,
   Blühn aus den Tränen auf.

Ludwig Heinrich Christoph Hölty

Gut gefrühstückt spürt man den ganzen Tag,
gut geschlachtet, das ganze Jahr,
gut geheiratet das ganze Leben.

Bauernweisheit

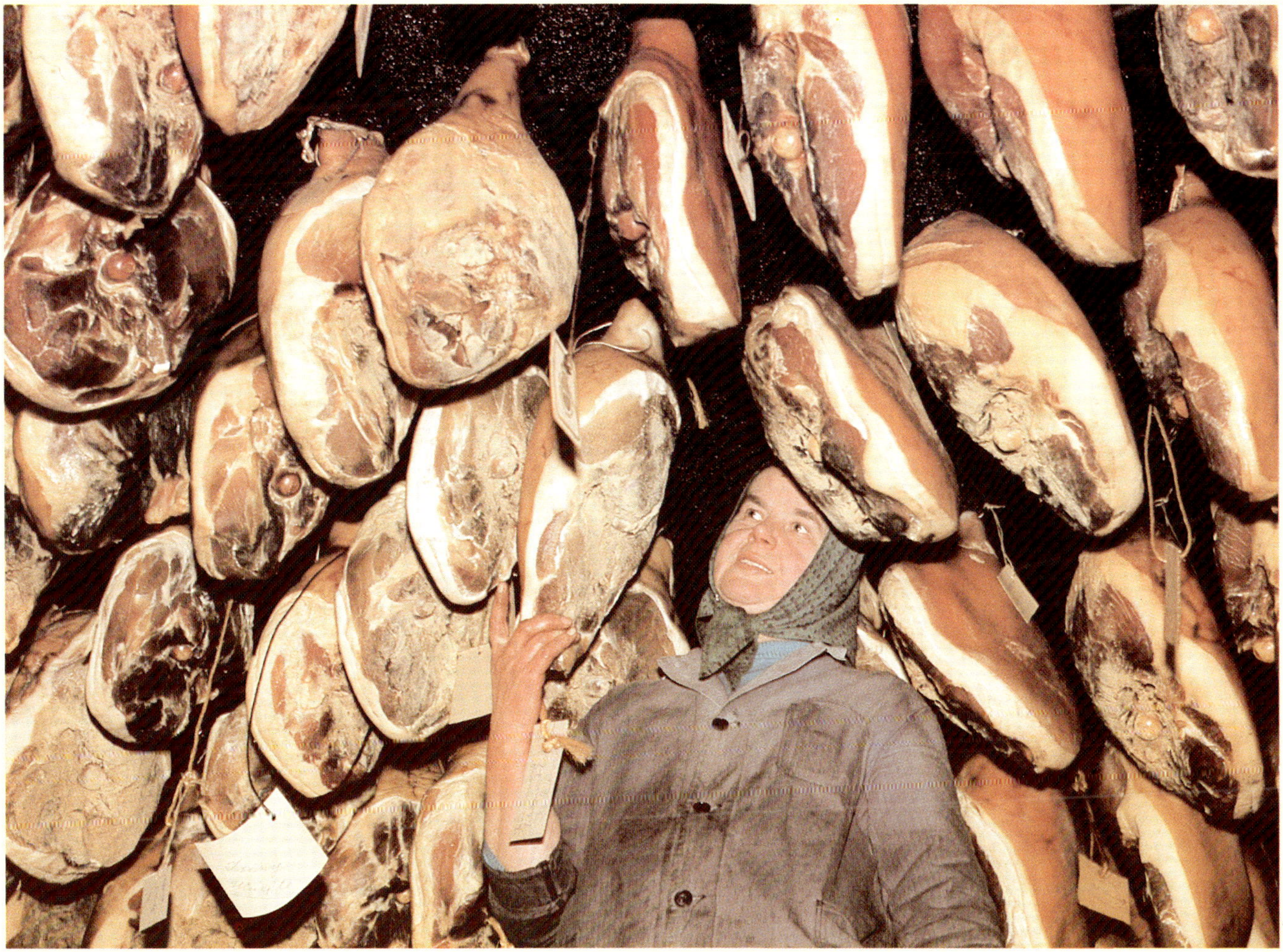

Buur is'n Buur —
'n Schelm von Natur.

Der Bauer und der Teufel

Es war einmal ein kluges und verschmitztes Bäuerlein, von dessen Streichen viel zu erzählen wäre: Die schönste Geschichte ist aber doch, wie er den Teufel einmal dran gekriegt und zum Narren gehabt hat.
Das Bäuerlein hatte eines Tages seinen Acker bestellt und rüstete sich zur Heimfahrt, als die Dämmerung schon eingetreten war. Da erblickte er mitten auf seinem Acker einen Haufen feuriger Kohlen, und als er voll Verwunderung hinzuging, so saß oben auf der Glut ein kleiner schwarzer Teufel. »Du sitzest wohl auf einem Schatz?« sprach das Bäuerlein. »Jawohl«, antwortete der Teufel, »auf einem Schatz, der mehr Gold und Silber enthält, als du dein Lebtag gesehen hast.« »Der Schatz liegt auf meinem Feld und gehört mir«, sprach das Bäuerlein. »Er ist dein«, antwortete der Teufel, »wenn du mir zwei Jahre lang die Hälfte von dem gibst, was dein Acker hervorbringt: Geld habe ich genug, aber ich trage Verlangen nach den Früchten der Erde.« Das Bäuerlein ging auf den Handel ein. »Damit aber kein Streit bei der Teilung entsteht«, sprach es, »so soll dir gehören, was über der Erde ist, und mir, was unter der Erde ist.« Dem Teufel gefiel das wohl, aber das listige Bäuerlein hatte Rüben gesät. Als nun die Zeit der Ernte kam, so erschien der Teufel und wollte seine Frucht holen, er fand aber nichts als die gelben welken Blätter, und das Bäuerlein, ganz vergnügt, grub seine Rüben aus. »Einmal hast du den Vorteil gehabt«, sprach der Teufel, »aber für das nächstemal soll das nicht gelten. Dein ist, was über der Erde wächst, und mein, was darunter ist.« »Mir auch recht«, antwortete das Bäuerlein. Als aber die Zeit zur Aussaat kam, säte das Bäuerlein nicht wieder Rüben, sondern Weizen. Die Frucht ward reif, das Bäuerlein ging auf den Acker und schnitt die vollen Halme bis zur Erde ab. Als der Teufel kam, fand er nichts als die Stoppeln und fuhr wütend in eine Felsenschlucht hinab. »So muß man die Füchse prellen«, sprach das Bäuerlein, ging hin und holte sich den Schatz.

Jacob Grimm/Wilhelm Grimm

Wir Bauern sind aus hartem Holz,
im Reden schwer, im Werken stolz.
Wir haben Weib und Kind und Knecht,
und sonntags ist ein Spaß uns recht.
Wir geben euch das Brot, den Wein,
und unsre Söhne obendrein,
und unser Töchter Liebeskraft,
daß nimmer das Geschlecht erschlafft.
Das sich sein Kern, sein Glück und Gut,
erweise im gesunden Blut.

Josef Weinheber

71

Hab' ich ein Häuschen und etwas Feld,
so ist es gar herrlich um mich bestellt.
Da nehm' ich ein braves lieb Weibchen dazu,
arbeite fleißig und lebe in Ruh.

Bauernweisheit

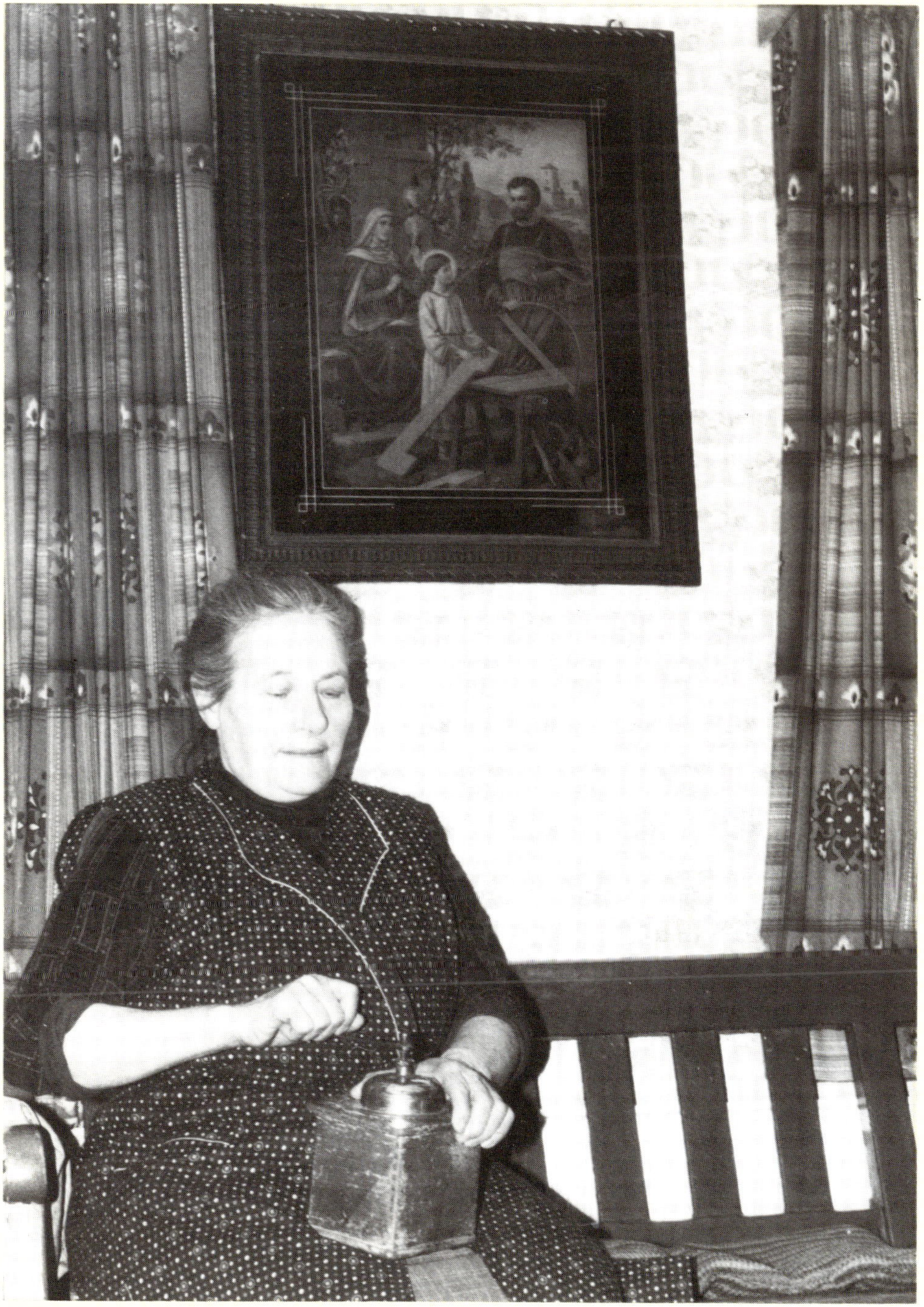

Gott zürnet nicht mit uns in schweren Ungewittern,
er tut uns wohl dadurch; was sollten wir denn zittern,
wenn Stürme brausen und in schöner Pracht
die Blitze leuchten und der Donner kracht?

Wenn's nicht donnert, blitzt,
wenn der Schnitter nicht schwitzt,
und wenn der Regen dauert lang,
wird's dem Bauern angst und bang.

Wetter, die langsam ziehen,
schlagen am schwersten.

Schwarze Wolken – schwere Wetter.

Wind in der Nacht
am Tage Wasser macht.

Ostwind bringt Heuwetter,
Westwind Krautwetter,
Südwind Hagelwetter,
Nordwind Hundewetter.

Der Nordwind ist ein rauher Vetter,
doch er bringt beständig Wetter.

Ziehen die Wolken dem Wind entgegen,
gibt's am andern Tage Regen.

Nicht immer kommt der Regen,
wenn die Wolken sich bewegen.

Wenn es blitzt von Westen her,
deutet's auf Gewitter schwer;
kommt vom Norden her der Blitz,
deutet es auf große Hitz.

An mäßigem Regen
ist viel gelegen.

Bauernregeln

Die junge Magd
Georg Trakl   Ludwig von Ficker zugeeignet

Oft am Brunnen, wenn es dämmert,
Sieht man sie verzaubert stehen
Wasser schöpfen, wenn es dämmert.
Eimer auf und nieder gehen.

In den Buchen Dohlen flattern
Und sie gleichet einem Schatten.
Ihre gelben Haare flattern
Und im Hofe schrein die Ratten.

Und umschmeichelt von Verfalle
Senkt sie die entzundenen Lider.
Dürres Gras neigt im Verfalle
Sich zu ihren Füßen nieder.

☆

Stille schafft sie in der Kammer
Und der Hof liegt längst verödet.
Im Holunder vor der Kammer
Kläglich eine Amsel flötet.

Silbern schaut ihr Bild im Spiegel
Fremd sie an im Zwielichtscheine
Und verdämmert fahl im Spiegel
Und ihr graut vor seiner Reine.

Traumhaft singt ein Knecht im Dunkel
Und sie starrt von Schmerz geschüttelt.
Röte träufelt durch das Dunkel.
Jäh am Tor der Südwind rüttelt.

☆

Nächtens übern kahlen Anger
Gaukelt sie in Fieberträumen.
Mürrisch greint der Wind im Anger
Und der Mond lauscht aus den Bäumen.

Balde rings die Sterne bleichen
Und ermattet von Beschwerde
Wächsern ihre Wangen bleichen.
Fäulnis wittert aus der Erde.

Traurig rauscht das Rohr im Tümpel
Und sie friert in sich gekauert.
Fern ein Hahn kräht. Übern Tümpel
Hart und grau der Morgen schauert.

In der Schmiede dröhnt der Hammer
Und sie huscht am Tor vorüber.
Glührot schwingt der Knecht den Hammer
Und sie schaut wie tot hinüber.

Wie im Traum trifft sie ein Lachen;
Und sie taumelt in die Schmiede,
Scheu geduckt vor seinem Lachen,
Wie der Hammer hart und rüde.

Hell versprühn im Raum die Funken
Und mit hilfloser Gebärde
Hascht sie nach den wilden Funken
Und sie stürzt betäubt zur Erde.

☆

Schmächtig hingestreckt im Bette
Wacht sie auf voll süßem Bangen
Und sie sieht ihr schmutzig Bette
Ganz von goldnem Licht verhangen,

Die Reseden dort am Fenster
Und den bläulich hellen Himmel.
Manchmal trägt der Wind ans Fenster
Einer Glocke zag Gebimmel.

Schatten gleiten übers Kissen,
Langsam schlägt die Mittagsstunde
Und sie atmet schwer im Kissen
Und ihr Mund gleicht einer Wunde.

☆

Abends schweben blutige Linnen,
Wolken über stummen Wäldern,
Die gehüllt in schwarze Linnen.
Spatzen lärmen auf den Feldern.

Und sie liegt ganz weiß im Dunkel.
Unterm Dach verhaucht ein Girren.
Wie ein Aas in Busch und Dunkel
Fliegen ihren Mund umschwirren.

Traumhaft klingt im braunen Weiler
Nach ein Klang von Tanz und Geigen,
Schwebt ihr Antlitz durch den Weiler,
Weht ihr Haar in kahlen Zweigen.

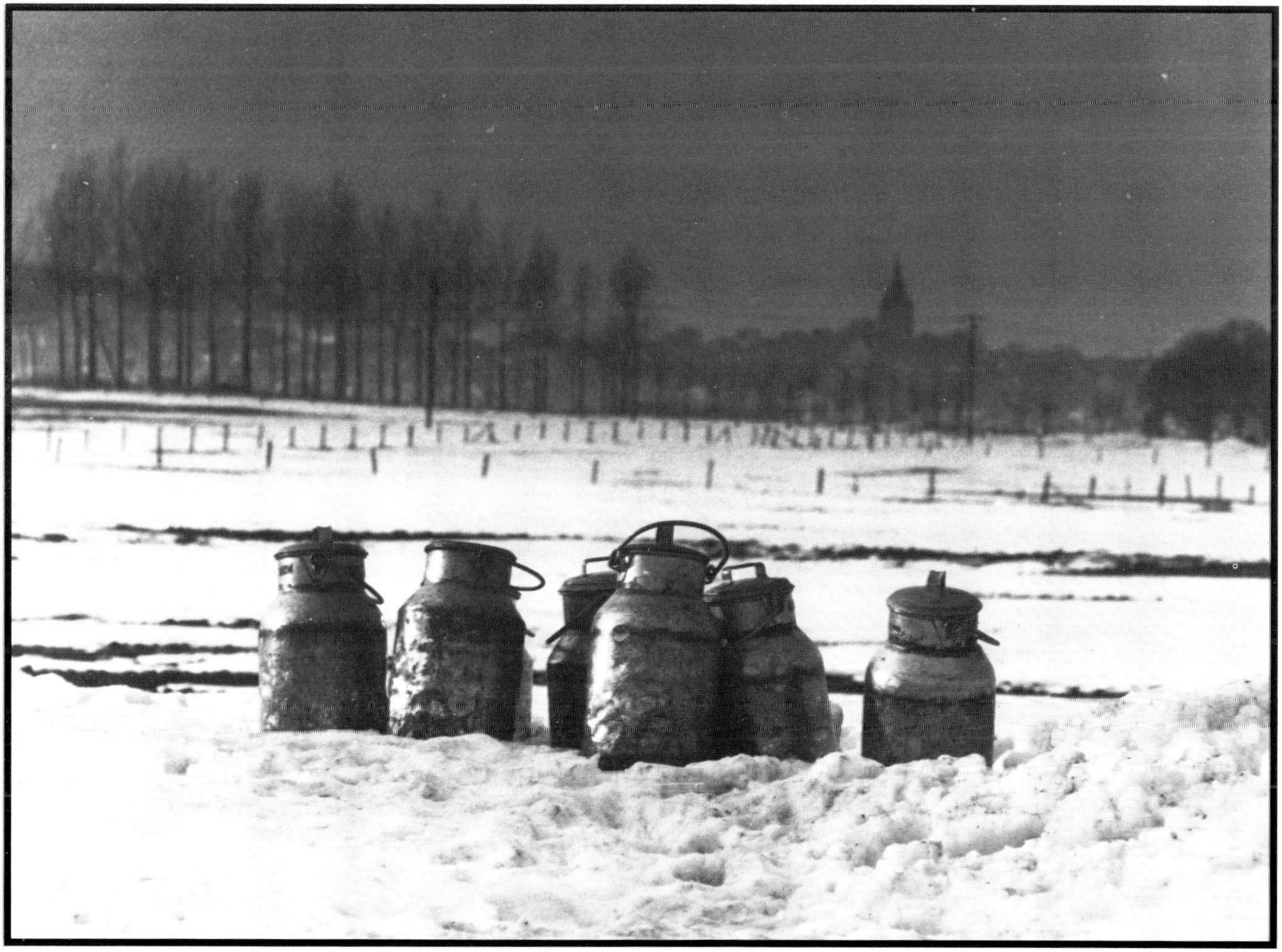

Der Junker und der Bauer

Ein Bauer trat mit seiner Klage
vor Junker Alexander hin:
»Vernehmet, Herr, daß ich heut am Tage
recht übel angekommen bin:
Mein Hund hat Eure Kuh gebissen.
Wer wird den Schaden tragen müssen?« –
»Schelm, das sollst du!« fuhr hier der Junker auf,
»für dreißig Taler war mir nicht die Kuh zu Kauf,
die sollst du diesen Augenblick erlegen.
Das sei hiermit erkannt von Rechtes wegen.« –
»Ach nein, gestrenger Herr! Ich bitte, hört«,
rief ihm der Bauer wieder zu,
»ich hab es in der Angst verkehrt;
nein, Euer Hund biß meine Kuh.«
Und wie hieß nun das Urteil Alexanders?
»Ja, Bauer! Das ist ganz was anders.«

                                                Michael Richey

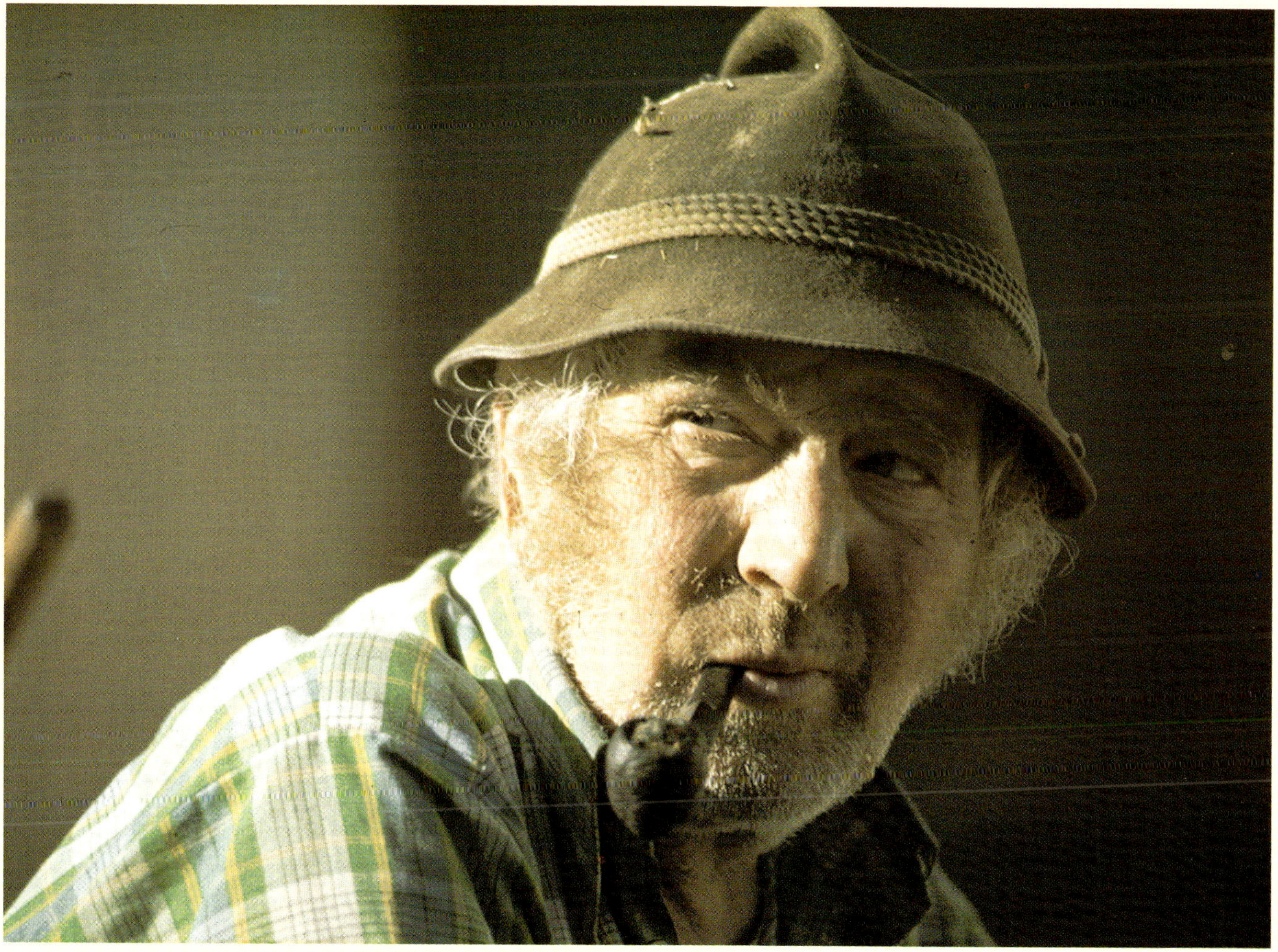

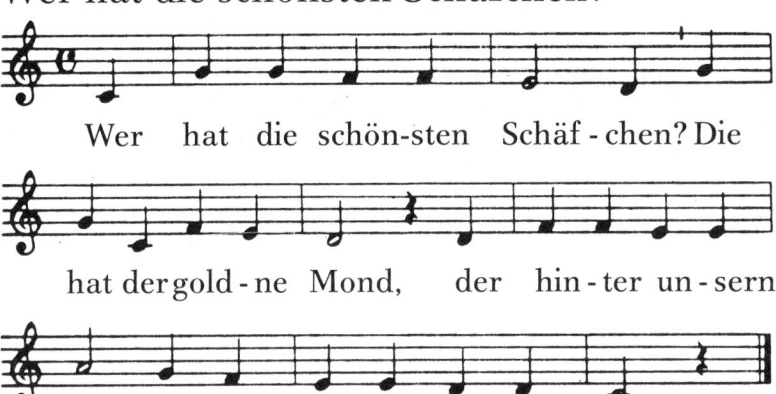

Wer hat die schönsten Schäfchen?

Wer hat die schön-sten Schäf-chen? Die hat der gold-ne Mond, der hin-ter un-sern Bäu-men am Him-mel drü-ben wohnt.

Er kommt am späten Abend,
wenn alles schlafen will,
hervor aus seinem Hause
am Himmel leis und still.

Dann weidet er die Schäfchen
auf seiner blauen Flur;
denn all die weißen Sterne
sind seine Schäfchen nur.

Sie tun sich nichts zuleide,
hat eins das andre gern,
und Schwestern sind und Brüder
da droben Stern an Stern.

Und soll ich dir eins bringen,
so darfst du niemals schrein,
mußt freundlich wie die Schäfchen
und wie ihr Schäfer sein.

Der Schafmist geht über den Segen Gottes.

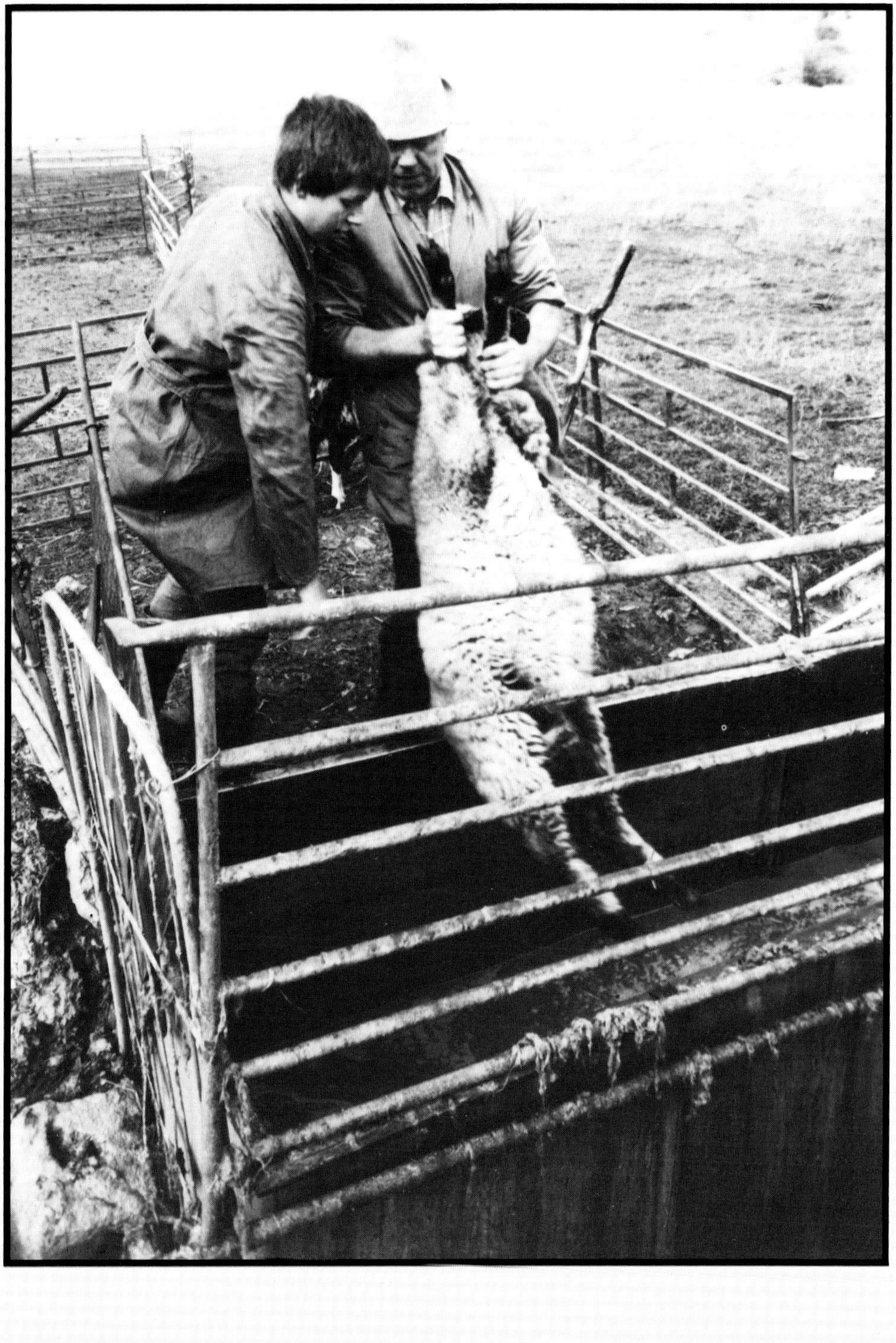

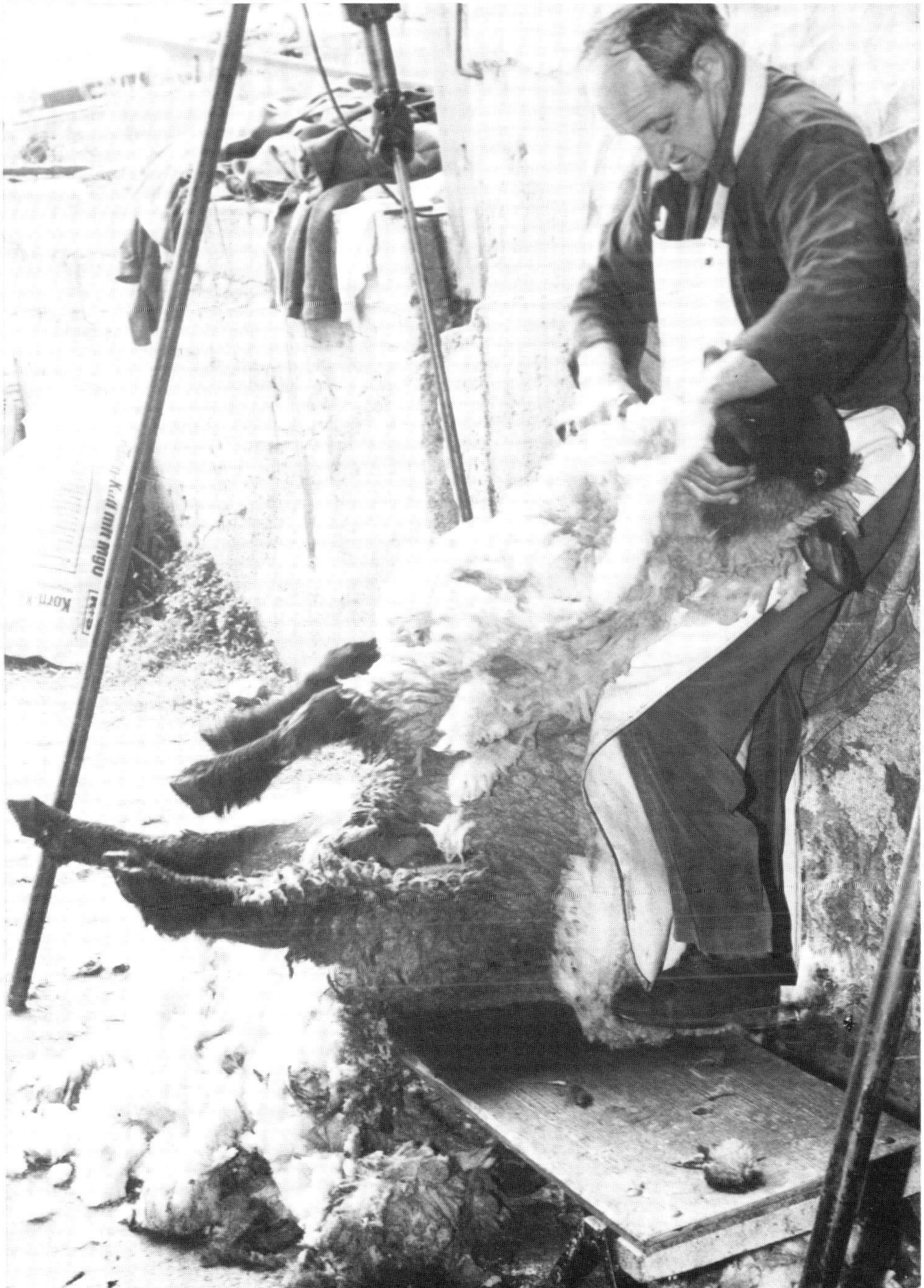

Kleider machen Leute –
der Spruch ist nicht wahr.
Silber, Gold und Seide,
trägt auch mancher Narr.
Selbst gesponnen, selbst gemacht,
Rein dabei – ist Bauerntracht.

Alte Bauernweisheit

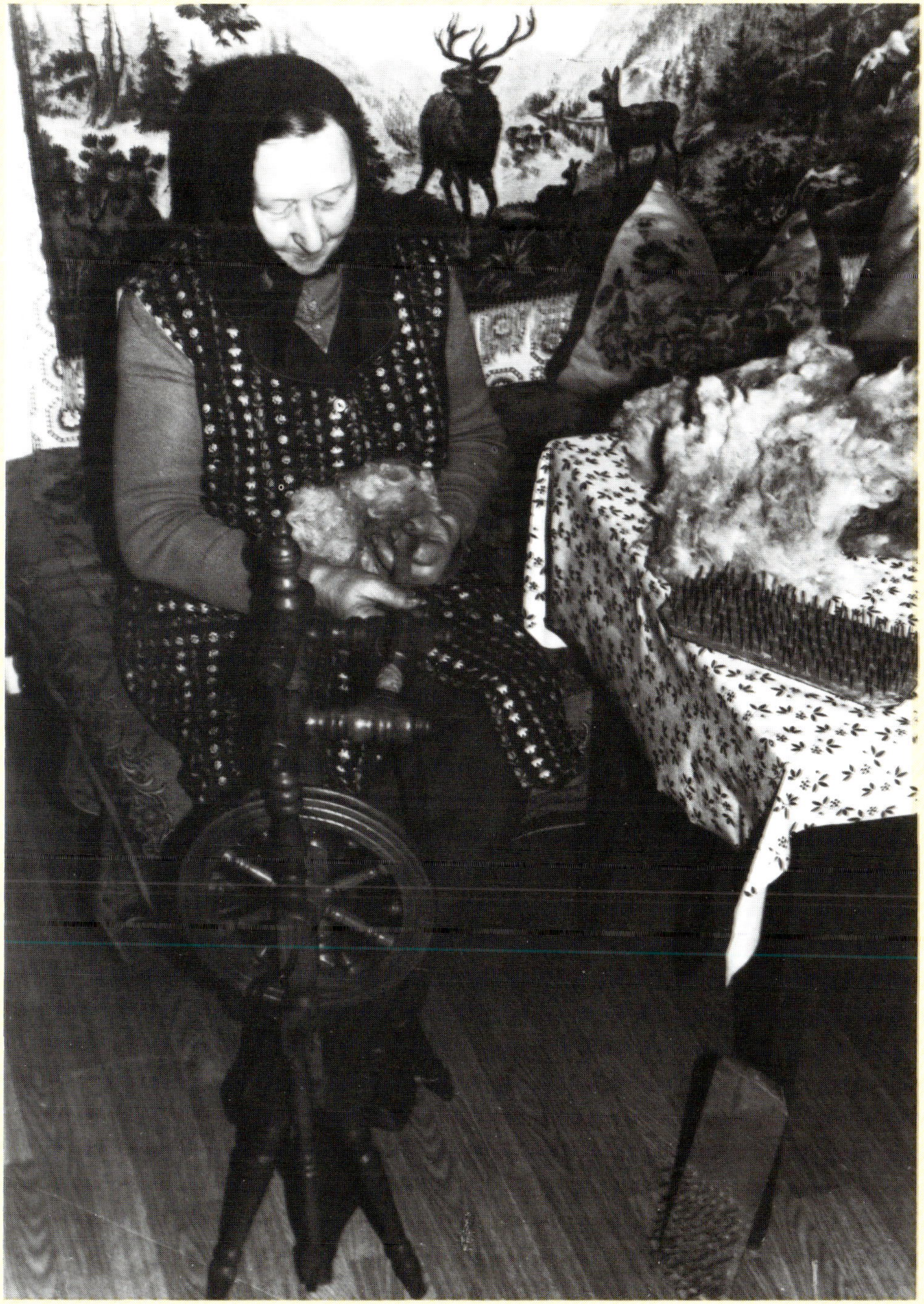

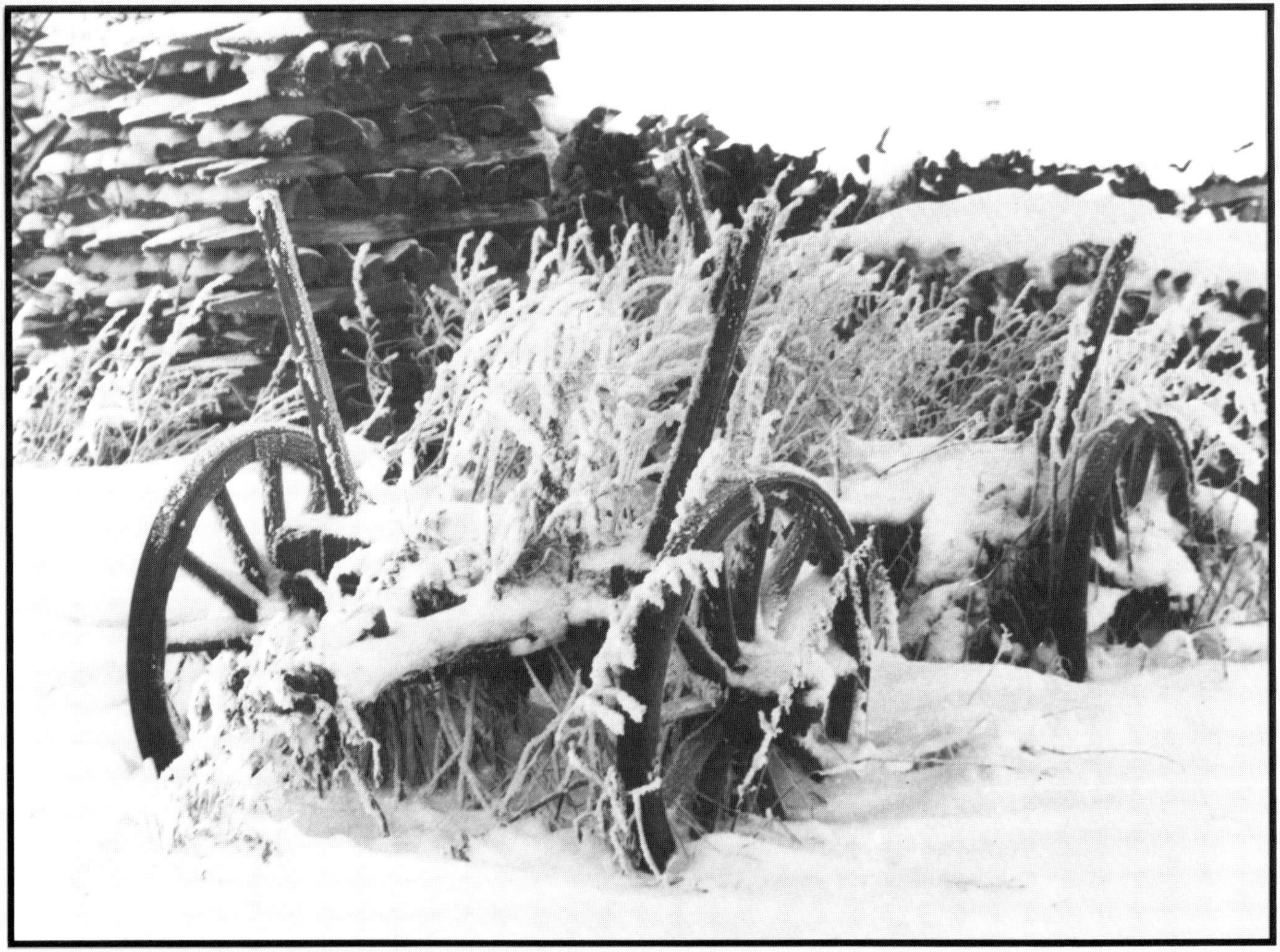

Der Winter ist ein rechter Mann

Der Winter ist ein rechter Mann, kern-
fest und auf die Dauer. Sein Fleisch fühlt sich wie
Eisen an und scheut nicht süß noch sauer.

Er zieht sein Hemd im Freien an
und läßt's vorher nicht wärmen
und spottet über Fluß im Zahn
und Grimmen in Gedärmen.

Aus Blumen und aus Vogelsang
weiß er sich nichts zu machen,
haßt warmen Trank und warmen Klang
und alle warmen Sachen.

Doch wenn die Füchse bellen sehr,
wenn's Holz im Ofen knittert,
und um den Ofen Knecht und Herr
die Hände reibt und zittert;

Wenn Stein und Bein von Frost zerbricht
und Teich und Seen krachen;
das klingt ihm gut, das haßt er nicht,
dann will er tot sich lachen.

Sein Schloß von Eis liegt ganz hinaus
beim Nordpol an dem Strande,
doch hat er auch ein Sommerhaus
im lieben Schweizerlande.

Da ist er denn bald dort, bald hier,
gut Regiment zu führen.
Und wenn er durchzieht, stehen wir
und sehn ihn an und frieren.

Wer Sachen kauft, die er selber machen kann, der bestiehlt sich selber. Und ein gekaufter Rock steht Bauersleuten wie ein geborgter, wo sie nicht so recht daheim sind.

Alte Bauernweisheit

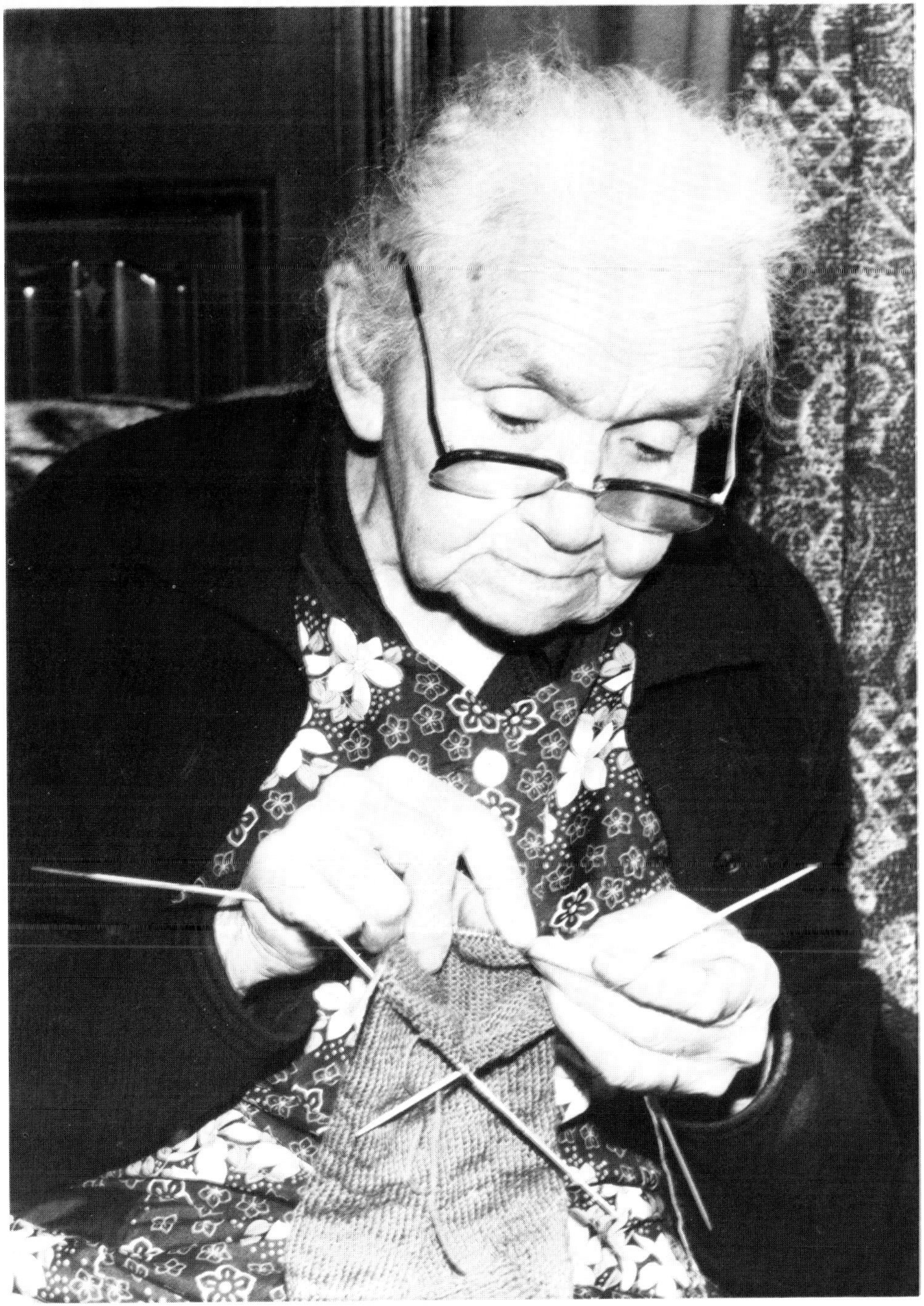

Winter, ade!
Scheiden tut weh.
Gehst du nicht bald nach Haus,
Lacht dich der Kuckuck aus.
Winter, ade!
Scheiden tut weh.

H. v. Fallersleben

Kalendarium für Landleut Josef Weinhaber

Jänner
Das Jahr geht an mit weißer Pracht.
Drei König stapfen durch die Nacht.
Das Rehlein scharrt den harten Grund,
Klar ziehn die Stern in ernster Rund.
Der Weg verweht, das Haus so still,
Der Bauer liest in der Postill,
Der Ofen singt, die Stund vergeht,
Nur sacht! Wir kommen nie zu spät.
Um Fabian, Sebastian
Hebt neu der Boden zu saften an,
Und an dem Tag von Pauls Bekehr
Ist halb der Winter, hin und her.

Februar
Die Dohlen über Baumschlag schrein.
Es fegt der Wind den Himmel rein.
Der Schlitten schellt, das Tannicht rauscht,
Die Magd aus stiller Kammer lauscht.
Der Knecht fährt mit dem Holz zu Tal,
Viel Narren hat der Karneval.
Schon färbt sich rost der Haselstrauch,
Am Fenster friert der Atemhauch.
Was Matheis und Sankt Peter macht,
Das bleibt noch so durch vierzig Nacht.
Der Riegel knirscht – o Heimlichkeit!
Jetzt ist der Frühling nimmer weit.

März
Die Wälder brausen nah und fern.
Die Erde riecht, es regnet gern.
Windröschen stehn im apern Grund,
An Kunigund wirds warm von unt.
Die Kranich ziehn, bald blüht der Schleh:
Um Benedikt den Hafer säe!
Den Hering iß zu Okuli,
Das Licht zur Gleiche löscht Marie,
Sie kommt und richt' die Reben auf,
Nimmt auch den leichten Frost in Kauf;
Und ist getan, was nötig war,
So gebe Gott ein gutes Jahr!

April
Der Regen sprüht, die Sonne scheint.
Der Knecht, er lacht, die Magd, sie weint.
Vom Kirschbaum flockts, der Kuckuck schreit,
Der Rebentrieb hat all noch Zeit.
Ein Farbenbogen steht gespannt,
Und nimmer ruhn Gerät und Hand.
Noch drohn Sankt Georg und Sankt Marx,
Die sind schon so, der Blüh viel Args.
Wenn aber nur die Frösch nicht schrein,
Dann kanns um Peregrin auch schnein.
Was wär denn das für ein April,
Der nicht tun dürfte, was er will?

Mai
Die Schwalbe flitzt im Sonnenglast,
Der Brunnen rauscht dem jungen Gast,
Der Zeiger an der Sonnenuhr
Malt an die Kirchturmwand die Spur.
So wächst das Jahr mit Lust und Mühn:
Sankt Urban, laß die Reben blühn!
Schon rührt sich neu der Wein im Faß,
Die Quetsche tönt zum Kirmesbaß.
Sind erst vorbei die strengen Herrn
Pankraz, Servaz, dann tanzt man gern,
Wo auf dem Platz der Maibaum steht,
Dem süßer Wind die Bänder dreht.

Juni
Im heißen Hauch mondsilbergrün,
Die Wiese wehet her und hin.
Goldamselruf, Hornissenton,
Den Wald bekrönt die Sommerkron.
Mit seiner Sens' Sankt Barnabas
Rückt an und schneidet ab das Gras
Im Dengeltakt und Mäherschritt.
Und alls, was Hände hat, tut mit.
Jetzt regne nur nicht, heilger Veit,
Bis uns das Heu im Stadel leit
Und Peter-Paul, gestellt ans End,
Die Deichsel gegen Juli wendt.

Juli
Kornblume blau, Mohn flammig rot:
Im Mittag rauscht das heilige Brot.
Die Linde schneit, die Wachtel schlägt,
Der Bauer bang das Wetter wägt.
Die erste Birn bricht Margaret,
Drauf überall die Ernt angeht.
Im Schatten steht der Schnitterkrug,
Die Magd geht mit dem Ochsenzug.
der starke Leib, die schwere Fracht:
Im fernen Land ein Donner kracht.
Mög uns der Himmel gnädig sein –
Sankt Jakob, Dank! Das Korn fährt ein.

August
Im Garten vor dem Pfarrhaus blühn
Veil, Sonnenblum und Rosmarin.
Vincula Petri geht alsdann
Den Weizen mit der Sense an.
Die Traube kocht, es gilbt der Mais,
Die Störche sammeln sich zur Reis',
Und bleibn sie noch nach Barthelmä,
Ein Winter kommt, der tut nicht weh.
Brachüber grast das Weidevieh,
Und auf den Tennen schlagen sie
Den Flegeltakt durchs ganze Land.
So geht das Ackerjahr zu Rand.

September
Ägyd bläst in des Herbstes Horn.
Die Beere schwankt am Brombeerdorn.
Der Apfel fällt mit leisem Laut,
Großauf am Bach die Distel blaut.
Die Schwalbe zieht, der Wanderschuh
Treibt dunkel einer Heimat zu.
Gekühlte Tage, klar und schön,
Mit braunem Laub und weißen Höhn:
Wie lange noch? Der Abend fällt,
Flurfeuer glimmt, Rauchnebel schwelt.
Nach Haus zu gehn, ist wohlgetan.
Sankt Michael, zünd die Lampe an!

Oktober
Gilb tanzt das Laub am dürren Schaft.
Die Kelter preßt den holden Saft.
Sankt Gall heimst, was er nicht gebaut,
Simon und Juda schneidt das Kraut.
Die Krähen hocken schwarz und dicht.
Der Knecht das Holz zum Herd hin schlicht'.
Der Brunfthirsch röhrt im Graben drin,
Und Regen regnet grau dahin.
Jäh heult der Hund. Im Stubeneck
Die Kinder sitzen stumm vor Schreck.
Jetzt bläst der Wind im Sterbehaus
Dem Ahn die Totenkerze aus.

November
Im Kirchhof brennt das stille Licht.
Die Toten ruhen, weine nicht.
Geborgen in der Erd, vergeht
Der Keim, umdaß er aufsteht.
Martini Reif, Andreä Schnee,
Die Magd trägt aus ihr süßes Weh.
Vom Hochwald dröhnt der Büchsenhall,
Es stampft das Vieh im warmen Stall,
Der Nebel hüllt das stille Land,
Die Kerze ist herabgebrannt.
Laß frosten, laß vergehn, laß schnein!
Der Mensch muß wach und einsam sein.

Dezember
Im Stall bei Esel, Ochs und Rind
Zur Nacht geboren ward das Kind.
Und wieder still wie ehedem
Der Stern leucht' über Bethlehem.
Gott in der Höh sei Preis und Ehr,
Und Fried den Menschen weit umher.
Gevatter, schlachte du ein Schwein,
Back Honigbrot, fahr auf den Wein
Und heiz die Stuben nach Gebühr,
Daß uns das Kindlein ja nicht frier!
Wir feierns mit bei Trunk und Schmaus:
Die Glock schlägt zwölf. Das Jahr ist aus.

Eine gute Decke von Schnee...

... bringt das Winterkorn in die Höh'.

Bauernregel

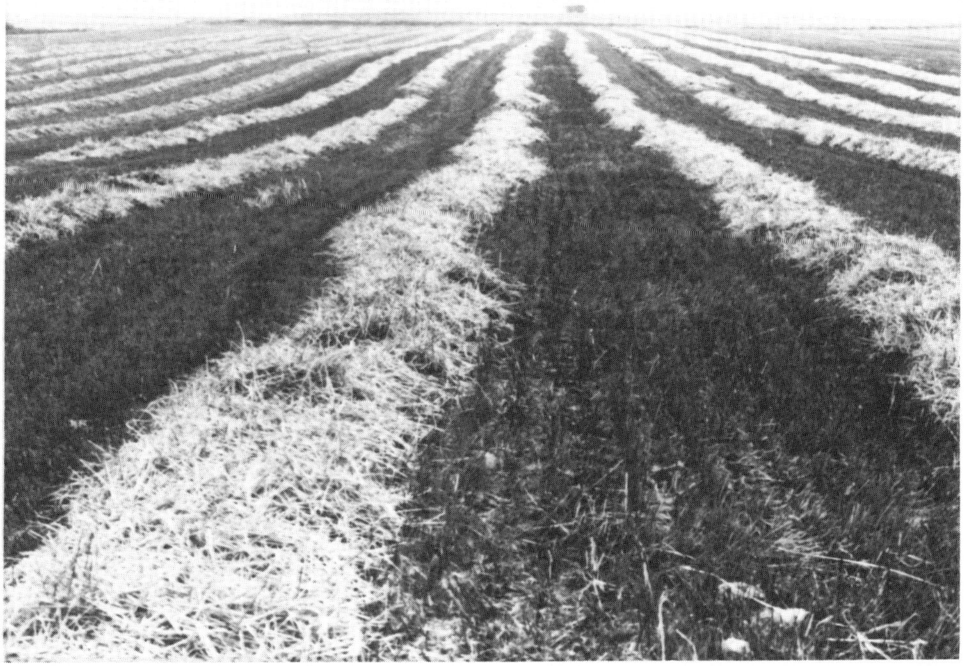

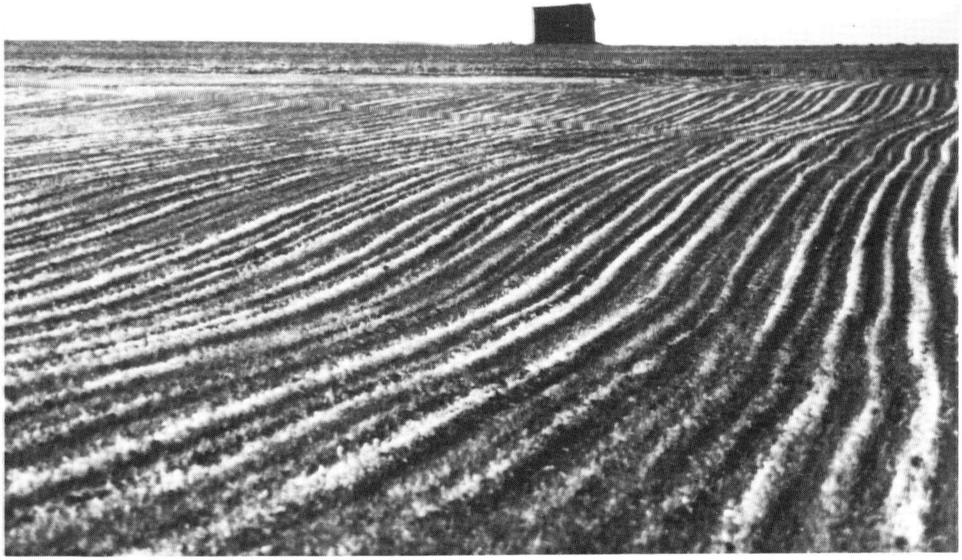

Das Gedicht »Bauernaufstand« von Börries Freiherr von Münchhausen aus
»Das Balladenbuch« durften wir mit freundlicher Genehmigung der Deutschen Verlags-
Anstalt GmbH, Stuttgart übernehmen, und das Gedicht »Jänner bis Dezember«
von Josef Weinheber aus »O Mensch, gib Acht – Ein erbauliches Kalenderbuch für
Stadt- und Landleut« mit freundlicher Genehmigung des Hoffmann & Campe Verlages,
Hamburg